杭州全书编纂指导委员会

主　任：　王国平

副主任：　许勤华　俞志宏　徐立毅　张建庭
董建平　顾树森　马时雍　郭献文
崔鹏飞　叶高翔　王金定　庞学铨

委　员：（以姓氏笔画为序）
王水福　王立华　王建沂　朱　华
朱党其　刘　颖　江山舞　阮重晖
李　玲　李包相　吴太普　何　俊
应雪林　辛　薇　陈　荣　陈　跃
金　翔　郑翰献　胡征宇　施永林
聂忠海　倪政刚　徐海荣　詹　敏
黎青平

杭州全书编辑委员会

运河（河道）全书编纂指导委员会

《运河（河道）丛书》编辑委员会

王国平 总主编

杭州河道诗词楹联选粹

蔡云超 俞宸亭 等 著

杭州出版社

杭州全书总序

城市是有生命的。每座城市，都有自己的成长史，有自己的个性和记忆。人类历史上，出现过不计其数的城市，大大小小，各具姿态。其中许多名城极一时之辉煌，但随着世易时移，渐入衰微，不复当年雄姿；有的甚至早已结束生命，只留下一片废墟供人凭吊。但有些名城，长盛不衰，有如千年古树，在古老的根系与树干上，生长的是一轮又一轮茂盛的枝叶和花果，绽放着恒久的美丽。杭州，无疑就是这样一座保持着恒久美丽的文化名城。

这是一座古老而常新的城市。杭州有8000年文明史、5000年建城史。在几千年历史长河中，杭州文化始终延绵不绝，光芒四射。8000年前，跨湖桥人凭着一叶小木舟、一双勤劳手，创造了辉煌的“跨湖桥文化”，浙江文明史因此上推了1000年；5000年前，良渚人在“美丽洲”繁衍生息，耕耘治玉，修建了“中华第一城”，创造了灿烂的“良渚文化”，被誉为“东方文明的曙光”。而隋开皇年间置杭州、依凤凰山建造州城，为杭州的繁荣奠定了基础。此后，从唐代“灯火家家市，笙歌处处楼”的东南名郡，吴越国时期“富庶盛于东南”的国都，北宋时即被誉为“上有天堂，下有苏杭”的“东南第一州”，南宋时全国的政治、经济、科教、文化中心，元代马可·波罗眼中的“世界上最美丽华贵之天城”，明代产品“备极精工”的全国纺织业中心，清代接待康熙、乾隆几度“南巡”的旅游胜地、人文渊薮，民国时期文化名人的集中诞生地，直到新中国成立后的湖山新貌，尤其是近年来为世人称羡不已的“最具幸福感城市”——杭州，不管在哪个历史阶段，都让世人感受到她的分量和魅力。

这是一座勾留人心的风景之城。“淡妆浓抹总相宜”的“西湖天下景”，“壮观天下无”的钱江潮，“至今千里赖通波”的京杭大运河（杭州段），蕴涵着“梵、隐、俗、闲、野”的西溪烟水，三秋桂子，十里荷花，杭州的一山一水、一草一木，都美不胜收，令人惊艳。今天的杭州，西湖成功申遗，中国最佳旅游城市、东方休闲之都、国际花园城市等一顶顶“桂冠”相继获得，杭州正成为世人向往之“人间天堂”、“品质之城”。

这是一座积淀深厚的人文之城。8000年来，杭州“代有才人出”，文化名人灿若繁星，让每一段杭州历史都不缺少光华，而且辉映了整个华夏文明的星空；星罗棋布的文物古迹，为杭州文化添彩，也为中华文明增重。今天的杭州，文化春风扑面而来，经济“硬实力”与文化“软实力”相得益彰，文化事业与文化产业齐头并进，传统文化与现代文明完美融合，杭州不仅是“投资者的天堂”，更是“文化人的天堂”。

杭州，有太多的故事值得叙说，有太多的人物值得追忆，有太多的思考需要沉淀，有太多的梦想需要延续。面对这样一座历久弥新的城市，我们有传承文化基因、保护文化遗产、弘扬人文精神、探索发展路径的责任。今天，我们组织开展杭州学研究，其目的和意义也在于此。

杭州学是研究、发掘、整理和保护杭州传统文化和本土特色文化的综合性学科，包括西湖学、西溪学、运河（河道）学、钱塘江学、良渚学、湘湖（白马湖）学等重点分支学科。开展杭州学研究必须坚持“八个结合”：一是坚持规划、建设、管理、经营、研究相结合，研究先行；二是坚持理事会、研究院、研究会、博物馆、出版社、全书、专业相结合，形成“1+6”的研究框架；三是坚持城市学、杭州学、西湖学、西溪学、运河（河道）学、钱塘江学、良渚学、湘湖（白马湖）学相结合，形成“1+1+6”的研究格局；四是坚持全书、丛书、文献集成、研究报告、通史、辞典相结合，形成“1+5”的研究体系；五是坚持党政、企业、专家、媒体、市民相结合，形成“五位一体”的研究主体；六是坚持打好杭州牌、浙江牌、中华牌、国际牌相结合，形成“四牌共打”的运作方式；七是坚持权威性、学术性、普及性相结合，形成“专家叫好、百姓叫座”的研究效果；八是坚持有章办事、有人办事、有钱办事、有房办事相结合，形成良好的研究保障体系。

《杭州全书》是杭州学研究成果的载体，包括丛书、文献集成、研究报告、通史、辞典五大组成部分，定位各有侧重：丛书定位为通俗读物，突出“俗”字，做到有特色、有卖点、有市场；文献集成定位为史料集，突出“全”字，做到应收尽收；研究报告定位为论文集，突出“专”字，围绕重大工程实施、通史编纂、世界遗产申报等收集相关论文；通史定位为史书，突出“信”字，体现系统性、学术性、规律性、权威性；辞典定位为工具书，突出“简”字，做到简明扼要、准确权威、便于查询。我们希望通过编纂出版《杭州全书》，全方位、多角度地展示杭州的前世今生，发挥其“存史、释义、资政、育人”作用；希望人们能从《杭州全书》中各取所需，追寻、印证、借鉴、取资，让杭州不仅拥有辉煌的过去、璀璨的今天，还将拥有更加美好的明天！

是为序。

王国平

2012年10月

运河（河道）全书序

人类自从有文明史以来，生活在陆地上的人们，在利用自然河道的同时，世世代代不断在开挖河道、修筑河道、治理河道。

河流，给人们以生命之水，可以饮用，又可以浇灌禾苗、树木、田地。河流，既解决了人的交通之便，又有运输之利，更有防洪排涝之功。河流，流来了粮食、金钱、财富，也流来了幸福与美好的生活。

杭州地处杭嘉湖水乡，北接京杭大运河，南通钱塘江，水网密布、河道纵横、桥梁众多、航运畅达，有“东方威尼斯”之称。

京杭大运河是世界上里程最长、工程最大、最古老的运河之一。它不舍昼夜地流淌了2400多个春秋、穿越长达1700多公里的土地。它与万里长城名闻寰宇，被世界公认为中国古代建筑工程的不朽杰作，是人类文明史上伟大的人工创造。

京杭大运河在杭州境内全长约52公里，由北向南贯穿了余杭、拱墅、下城、江干四个区，贯通联结了众多市区河道。运河交通孕育了杭州城市，水运带动了经济文化，水网灌输了市井街巷，使杭州成为历史和文化的东南名郡。

河流是杭州历史的现实见证，是保存古代灿烂文化最丰富的长廊、博物馆与百科全书。早在元代，意大利旅行家马可·波罗，乘着航船沿大运河一路到达杭州，从内心发出了赞叹：“啊，这是世界上最美丽华贵之天城！”城市河流本身就是千年遗留下的历史文物。在那长长的流水里，沉留下太多的历史文化积淀。河道上的桥梁闸坝、雕塑石刻、文字图案，岸上的亭台楼阁、寺庙庵堂、民居建筑、长街短弄，以及历史传说、歌谣图画、风物掌故、民风民俗，都是中华民族弥足珍贵的物质与非物质遗产，是流动的文化。

历朝历代都把治水作为杭州城市的重要任务。新中国成立以来，杭州就多次组织全市性的大规模保护与整治。从20世纪50年代起，中河、东河就进行了多次疏浚；并先后对武林头至余杭塘栖段、余杭运河堤塘、运河德胜坝至艮山港等运河主次河道，开展疏浚拓宽、截弯取直、清除河障、挖掘污泥等治理工作。进入改革开放的新时期后，杭州市委、市政府更把保护利用大运河提到议事日程，让这条杭州母亲河重新恢复青春。

在沟通钱塘江和运河截污工程全面建成的基础上，2002年，杭州市委、市政府把运河（杭州段）综合整治与保护开发列为城市建设“十大工程”之一，其总体目标是：还河于民，申报“世遗”，打造世界级旅游产品。自2006年以来连续七次推出“新运河”，保护修缮沿岸小河直街、拱宸桥桥西、大兜路、塘栖水北及水南等历史街区，改善民居3000余户。整治运河支流，整修新建桥梁20余座，贯通两岸游步道21公里，整治新增休闲绿地2000余亩，自然生态得以修复和提升，惠及民生，泽被天下。保护和修缮了富义仓、桑庐、广济桥、乾隆御碑等一大批历史文化遗存；沿岸芜废的旧厂房和仓库变身博物馆群落和文创产业基地，工业遗存得到保护和重新利用。

1982年中东河治理拉开了改革开放以来杭州河道整治的序幕。从1996年至2006年十余年间，三轮整治累计完成18条约80公里河道。2007年开始，围绕“水清、流畅、岸绿、景美、宜居、繁荣”目标实施市区河道综合整治与保护开发工程，由此拉开了杭州历史上规模最大、历时最长、力度最强的市区河道综保工程帷幕。至2012年底，累计整治河道212条（段），总长达463公里，河道水质得到初步改善，休闲、旅游、景观、排涝等综合功能得到完善和提升，内河防洪排涝能力显著提高。尤其在2010年，对杭州历史最悠久、底蕴最深厚、居民最集中、特色最鲜明的中河与东河实施综合治理与保护，通过水质治理、文化挖掘、河道沟通、桥梁整治、亮灯、绿化等工程，提升了老城区原住民的生活品质，成为杭州这座历史文化名城的新名片。川流不息的河道，开放闲适，不尽长流，正与杭州市民的生活高度叠合。

如今，随着河流两岸历史街区的相继开街，杭州工艺美术博物馆群的建成开放，非物质文化遗产得以传承，一条蕴意深远的运河文化带启动规划建设。穿城而过的大运河联结起中东河、城西四港四河，水上旅游线精彩亮相，独具运河特色的漕舫游船随波穿行。杭州河流两岸变得愈加宜居、宜文、宜业、宜游、宜商。

为了全面反映杭州运河与市区河道的历史与今天，让杭州这座历史文化名城更加享誉世界，杭州运河（河道）研究院组织专家学者编著了这套《运河（河道）全书》。作为此书的编撰主持单位，由衷地感到高兴与慰藉，并向付出辛勤劳动的单位与个人表示诚挚的感谢。

是为序。

李包相

2013年1月

〔李包相，杭州市京杭运河（杭州段）综合保护委员会党委书记、主任〕

目　录

河道诗词古代部分

中　河 …… 3
酒泉子 / 潘　阆 …… 3
次韵述古过周长官夜饮 / 苏　轼 …… 4
四鼓出嘉会门赴南郊斋宫 / 陆　游 …… 5
行都 / 陈　造 …… 6
一湾烟水为马仲祯题 / 释德祥 …… 7
临江仙 · 花圃啼莺 / 聂大年 …… 9
沙河寓居 / 洪　昇 …… 10
沙河 / 厉　鹗 …… 12
雪后沙河写望 / 厉　鹗 …… 13
沙河归晚 / 魏之琇 …… 15
武林归舟 / 钱大昕 …… 15
陆氏菊逸 / 宋　琬 …… 17
同毛稚黄、沈汉仪登丰乐桥，得升字 / 诸匡鼎 …… 18

东　河 …… 19
同人东河观竞渡绝句四首（选一）/ 周骏发 …… 19
夜闻东河榜歌 / 诸匡鼎 …… 20
秋夜听潮歌寄吴尺凫 / 厉　鹗 …… 21
食鲻鱼 / 厉　鹗 …… 22
菜市河 / 诸璧发 …… 23

东河棹歌（选二十五）/ 姚思勤 …………………………………… 25
续东河棹歌（选二十）/ 丁　丙 …………………………………… 42
东河新棹歌（选二）/ 丁立诚 ……………………………………… 54
续东河新棹歌（选二）/ 丁立诚 …………………………………… 55

横　河 ………………………………………………………………… 57
横河·打鱼行 / 虞淳熙 ………………………………………… 57
簇水·忆横河红叶 / 龚翔麟 …………………………………… 58
横河舟次，仲鱼出元椠本左克明《古乐府》共读。卷首有《玉玲珑阁图记》，盖龚蘅圃侍御故物也。蘅圃旧居即在横河之侧。玉玲珑本宋花纲石，今尚无恙，而居址则数易其主矣。仲鱼索诗，漫题卷后 / 吴　骞
…………………………………………………………………… 59
横河 / 佚　名 ……………………………………………………… 60
东河棹歌（选三）/ 姚思勤 ……………………………………… 61
续东河棹歌（选一）/ 丁　丙 …………………………………… 63

贴沙河 ………………………………………………………………… 64
候潮门 ……………………………………………………………… 64
咏重建候潮门楼 / 张　鉽 …………………………………… 64
皋　园 ……………………………………………………………… 65
过故侍郎严公皋园 / 符之恒 ………………………………… 65
续东河棹歌（选一）/ 丁　丙 ………………………………… 66

东青桥 …… 67
东河棹歌（选一）/ 姚思勤 …… 67

宝善桥 …… 67
夜泊宝善桥 / 李赓芸 …… 67
东河棹歌（选二）/ 姚思勤 …… 69
续东河棹歌（选二）/ 丁　丙 …… 70

古新河 …… 71
香市 / 何　琪 …… 71
东河棹歌（选一）/ 姚思勤 …… 72
武林北墅竹枝词（选一）/ 王　晫 …… 73

上塘河 …… 74
暮春上塘道中 / 范成大 …… 74
上塘行 / 汪　沆 …… 77

沈塘湾 …… 79
宿敌楼呈阮中丞 / 田艺蘅 …… 79
沈塘湾 / 沈廷芳 …… 80
三塘渔唱集（选二）/ 丁　丙 …… 81

东新关 …… 82
出东新关 / 史元中 …… 82
东新关 / 诸璧发 …… 82

东新桥 …… 83
东新桥值雪 / 朱南杰 …… 83
舟出东新桥 / 方　回 …… 84

清湖桥 …… 85
寓清湖桥，夜枕闻雨 / 汪　莘 …… 85
题适安清湖寓居 / 陈　起 …… 86

五里塘 …… 87
五里塘 / 陶宗仪 …… 87
泛舟五里塘 / 杭世骏 …… 88
五里塘 / 翟　灏 …… 89
冬日同樊榭、竹田东郊闲泛 / 梁启心 …… 90

鹭鸶滩 …… 91
鹭鸶滩 / 王修玉 …… 91

泛洋湖 …… 92
北郭春泛 / 邱　峻 …… 92
东河棹歌（选一）/ 姚思勤 …… 93

施家桥 …… 93
东河棹歌（选一）/ 姚思勤 …… 93
城东归舟 / 汪　沆 …… 94
施家桥独行看桃 / 翟　涛 …… 94
施家桥桃花 / 徐　堂 …… 95

会安坝 …… 96
三塘渔唱集（选一）/ 丁　丙 …… 96
续东河棹歌（选一）/ 丁　丙 …… 97

沙河塘 …… 97
南乡子·和杨元素，时移守密州 / 苏　轼 …… 97
虞美人·有美堂赠述古 / 苏　轼 …… 98
鹧鸪天·正月十一日观灯 / 姜　夔 …… 99

调寄醉桃源·赠卢长笛 / 吴文英 …… 100
初至行在 / 王庭珪 …… 101

横塘市 …… 102
寄横塘祥尊师 / 张　昱 …… 102
与侄自京还横塘故居 / 释德祥 …… 103
夜泊长河 / 许　棐 …… 104
横塘寻菊 / 陈之遴 …… 105
横塘晚渡 / 张竞光 …… 106
横塘杂诗 / 虞黄昊 …… 106
横塘阻雨 / 汪　霜 …… 107
赠横塘李翁 / 吴应本 …… 108
泛舟横塘回文 / 张奕光 …… 109
归自横塘 / 符　曾 …… 109
秋日闲步新塘堰水次遂至横塘 / 王曾祥 …… 110
题《晴江村居图》四首（之一）/ 汪　沆 …… 110
过横塘胡师张书斋题壁 / 汪　沆 …… 111
赴东山约经横塘 / 翟　灏 …… 112
横塘道中望半山作 / 释显鹏 …… 112
上塘值清明 / 曹　勋 …… 113
夜舟泊长河 / 吴龙翰 …… 114
城东泛舟，同朱二守、张节推作 / 周　诗 …… 114
从上塘归 / 金　张 …… 115
北郭舟中同丁敬身、汪西颢、王麟征作 / 厉　鹗 …… 115

土　桥 …… 116
土桥纵步诗 / 汤尧文 …… 116
东河龙舟词 / 陈春晓 …… 117

小　河 …… 118
姚家店 …… 118
晚过姚家店 / 黄　槐 …… 118
棚　桥 …… 119
王五检叔没十余年，今秋江君厚裁昆偶来寓，言及伊子前岁业已游庠，家贫益甚，感赋一诗，并柬王郎 / 夏之盛 …… 119
鹅鸭桥 …… 120
大街晓行 / 黄　模 …… 120
施将军庙 …… 121
施将军庙 / 袁　枚 …… 121
有玉桥 …… 123
有玉桥贴榜 / 丁立诚 …… 123
祥符寺 …… 125
晨诣祥符寺 / 刘　基 …… 125
百井坊 …… 126
百井坊 / 张缵周 …… 126
天水桥 …… 129
归田八首（选一）/ 钱　琦 …… 129
浣纱河 …… 131
清湖春早 / 方　回 …… 131

河道楹联古代部分

中河 …… 135

中河花楼 …… 135

东河 …… 137

施家桥 …… 137

贴沙河 …… 140

东新桥 …… 140

清湖桥 …… 143

天水桥 …… 143

白洋池 …… 144

清波庵 …… 144

北新关河 …… 145

沈塘湾 …… 145

临平落瓜堰 …… 146

古通济桥 …… 146

横河桥 …… 147

田家桥 …… 147

滨江长河 …… 148

河道诗词当代部分

余杭塘河 …… 151

余杭塘河 / 吴亚卿 …… 152

余杭塘河 / 钱之江 …… 152

过余杭塘河 / 俞宸亭 …… 152

过余杭塘河 / 李利忠 …… 152

上塘河、五常港等处 …… 153

由塘河舟至五常 / 王其煌 …… 156

题五常港诗 / 王翼奇 …… 156

喜看杭城河道新貌 / 蔡云超 …… 156

舟行上塘河/ 尚佐文 …… 156

河道楹联当代部分

余杭塘河 …… 159

上塘河、五常港等处 …… 180

作者简介

参考文献

前　言

杭州地处钱塘江下游北岸，京杭大运河南端终点，依水而建、因水而兴，江、河、湖、海、“溪”五水相依。

杭州的水，杭州的一条条河，沟通了人与自然的“灵犀”和情怀。我们深知，杭州的河道不仅发挥了灌溉、防洪、排涝、供水和交通等功能，而且是杭州城市自然美的重要组成部分。“小桥流水、舟楫来往、水陆百市、商贾骈集”的繁荣昌盛，也陶冶了杭州人的情操。

而杭州的河道诗词楹联，作为杭州诗词楹联大观园中一个不可或缺的元素，是杭州河道文化的重要组成部分。

近年来，随着市区河道综保工程的持续进行，杭州市市区河道整治建设中心开展了对河道诗词楹联的梳理，约撰了一批新诗新联，并根据景点需要进行陈设，这对于传承杭州河道诗词楹联文化、增加景区人文气息，具有积极的意义。

从2007年开始，杭州市市区河道整治建设中心约请杭州市诗词楹联学会的专家们，对已经建设好的河道景区精心创作了一批诗词楹联。许多游客表示，他们对已镌刻在墙的诗词楹联有很大兴趣，但许多诗词楹联看不懂意思，或者一知半解，成为在游赏河道中的一个遗憾。而很多河道，尚未制作诗词楹联，犹如美人缺了眉目，失却了应有的风采。

为此，从弘扬杭州水文化，进一步继承和发掘杭州河道诗词楹联文化、普及河道诗词楹联知识、总结近年来河道综保工程文化建设成果的角度出发，编写一本雅俗共赏、高质量的《杭州河道诗词楹联选粹》普及读本极为必要。

受杭州运河（河道）研究院河道分院委托，杭州桐荫堂文化创意有限公司作为承编单位，会同杭州市诗词楹联学会的有关专家，共同编写了这本读本。

因为编写时间较紧，编者学识水平有限，疏漏难免，敬请读者谅解和不吝赐教。

编　者

2012年4月18日

河道诗词古代部分

中　河

中河开凿于唐代，南通钱塘江，北连京杭大运河。其北段，唐代称“里沙河”。宋代，凤山水门以南称“龙山河”，以北称“盐桥河”，清代并称为“中河”。光绪五年（1879），其南端新开横河，与东河沟通。

中河上桥梁很多，大多始建于宋代，也有明清时建造的。从凤山水门往北，有仓桥、通江桥、望仙桥、新宫桥、三圣桥、铁佛寺桥、柴垛桥、荐桥、回回新桥、丰乐桥、联桥、仙林桥、登云桥、西桥、平安桥、梅登高桥等。

酒泉子

潘　阆

长忆钱塘，不是人寰是天上。万家掩映翠微间[①]，处处水潺潺。　　异花四季当窗放，出入分明在屏障。别来隋柳几经秋[②]，何日得重游？

作者简介：

潘阆（？—1009），字逍遥，大名（今属河北）人。宋太宗至道元年（995）赐进士及第，授四门国子博士，宋真宗时任滁州（今安徽滁县）参军。工诗词，善用白描手法写景，诗风淡雅，思致清新，抱负高洁。著有《逍遥集》。

注释：

①翠微：指青翠缥缈的水光山色。

②隋柳：隋堤柳，指运河两岸的杨柳。“隋柳”一词出自唐朝诗人汪遵的绝句《隋柳》（“夹浪分堤万树馀……”，描绘隋炀帝下扬州时，京杭运河两边杨柳广植的壮丽景致）。汪遵在绝句中借古抒怀，表达了对自由生活的向往，同时也希望当时的统治者不要忘了隋朝的教训。

赏析：

杭州的太庙东巷，宋代叫做潘阆巷，因落魄不羁、才气超群的诗人潘阆而得名。

词上阕以白话入手，写出自己对杭州的思念，首尾两句前后呼应，着重体现作者对杭州河道水系两岸优美城市风貌的赞美。

次韵述古过周长官夜饮[①]

苏　轼

二更铙鼓动诸邻[②]，百首新诗间八珍[③]。
已遣乱蛙成两部[④]，更邀明月作三人。
云烟湖寺家家境，灯火沙河夜夜春。
曷不劝公勤秉烛[⑤]，老来光景似奔轮。

作者简介：

苏轼（1037—1101），北宋文学家、书画家，字子瞻，号东坡居士，眉州眉山（今属四川）人，与父苏洵、弟苏辙合称“三苏”。他在文学艺术方面堪称全才，其文汪洋恣肆，明白畅达，与欧阳修并称“欧苏”，为“唐宋八大家”之一；其诗清新豪健，善用夸张比喻，在艺术表现方面独具一格，与黄庭坚并称“苏黄”；其词开豪放一派，与辛弃疾并称“苏辛”；其书法擅长行书、楷书，能自创新意，用笔丰腴跌宕，有天真烂漫之趣，与黄庭坚、米芾、蔡襄并称“宋四家”；其画学文同，喜作枯木怪石，主张神似。诗文著作有《东坡全集》《东坡乐府》等。

注释：

①述古：陈襄，字述古。周长官：周邠长官。

②铙鼓：铙和鼓。泛指打击的响器。

③八珍：泛指珍馐美味。

④两部：出自《南齐书·孔稚珪传》：“门庭之内，草莱不剪，中有蛙鸣，或问之曰：‘欲为陈蕃乎？’稚珪笑曰：‘我以此当两部鼓吹，何必期效仲举。’”鼓吹：古时仪仗乐队的器乐合奏。两部鼓吹：特指蛙鸣。

⑤曷不：何不。秉烛：即炳烛。出自《说苑·建本》：“晋平公问于师旷曰：‘吾年七十，欲学，恐已暮矣。’师旷曰：‘何不炳烛乎？’平公曰：‘安有为人臣而戏其君乎？’师旷曰：‘盲臣安敢戏其君？臣闻之：少而好学，如日出之阳；壮而

好学，如日中之光；老而好学，如炳烛之明，孰与昧行乎？’平公曰：‘善哉！’”

赏析：

两宋时期，中河称为“沙河”，这首诗是描写沙河夜景的经典之作。全诗气势雄浑，特别是“云烟湖寺家家境，灯火沙河夜夜春”两句，更为千古传唱。吴沆《环溪诗话》中称“七言诗中每句用上三物，即成气象”。这首诗有空间、时间上的跨度，“家家境”即言天下，“夜夜春”描述的是夜饮沙河的欢畅和愉悦，表现了无穷意趣。

四鼓出嘉会门赴南郊斋宫

陆　游

客游梁益半吾生①，不死还能见太平。
初喜梦魂朝帝所，更惊老眼看都城。
九重宫阙晨霜冷，十里楼台落月明。
白发苍颜君勿笑，少年惯听舜韶声②。

作者简介：

陆游（1125—1210），字务观，号放翁，越州山阴（今浙江绍兴）人，南宋著名诗人。宋绍兴二十四年（1154）赴临安（今杭州）应试，名列第一，但因力论恢复中原被秦桧在复试中除名。宋孝宗时赐进士出身，先后担任镇江通判、夔州通判、夔州知州等职。淳熙二年（1175），范成大镇蜀，邀陆游参幕。淳熙五年（1178），因诗名受到宋孝宗召见，派任福州、江西提举常平茶盐公事，后官至朝议大夫、礼部郎中、宝章阁待制，晚年退隐家乡。

陆游诗才横溢，自言“六十年间万首诗”，今存诗一万多首。其诗风雄奇奔放，沉郁悲壮，多抒写抗金杀敌的豪情和收复故土的抱负，有“小李白”之称，是南宋一代诗坛领袖。有《剑南诗稿》《渭南文集》《老学庵笔记》等数十种著作存世。

注释：

①梁益：梁州和益州，诗人年轻时从戎幕游之地。

②舜韶：即《韶》乐，传说为虞舜所作。

赏析：

南宋都城的嘉会门，在杭州城南，明清时期的凤山门之东。此诗是诗人凌晨出嘉会门时的所思所感，回顾了早年抗金的经历，抒发了对太平盛世的向往。颔联以“梦境”入“实境”，颈联由“九重”之高写到“十里”之宽，描写都城月下的萧瑟，清丽气派，如花如梦。最后两句是诗人对自己的自嘲，表达了“烈士暮年，壮心不已”，对收复失地矢志不渝的志向。

中河　程尉唐摄

行　都[①]

陈　造

露冷河倾斗柄低，
望仙桥外独归时[②]。
风梳御柳娟娟静，
月度觚棱故故迟[③]。
几处清歌留客醉，
谁家长笛倚楼吹。
太平喜乐朝仍暮，
帝力何曾尔辈知[④]。

作者简介：

陈造（1133—1203），字唐卿，号江湖长翁，高邮（今属江苏）人。其诗深得陆游、范成大等赏识。著有《江湖长翁文集》四十卷。

注释：

①行都：此处指临安，今杭州。

②望仙桥：在宋代大河（今杭州中河）上，南宋时桥东原为秦桧宅第，西面是秦桧所造一德格天阁，后成为德寿宫的一部分。

③觚棱：觚，古代酒器，盛行于商代和西周初期，喇叭口，细腰，高圈足。觚棱：棱角，宫阙上转角处的瓦脊成方角棱瓣之形。亦借指宫阙。

④帝力：帝王的功德和力量。出自《击壤歌》：“日出而作，日入而息，凿井

而饮，耕田而食，帝力于我何有哉！”

赏析：

这首诗题为《行都》，指的是南宋都城临安。首联，诗人写了秋浓露重的时节，夜深人静的市景，银河倾斜，北斗低垂，诗人独自从望仙桥外归来，呈现在眼前的是一幅月下美景图：风吹拂着桥边的杨柳，柔美而宁静，一轮皎洁的明月常常在稍晚时穿越宫阙的瓦脊，而回旋在诗人耳边的是清越的歌声，让人停留脚步，为之陶醉，远处不知谁家有人倚楼吹着长笛，悠扬飘逸……这是一个多么美好的夜晚。尾联却笔锋一转，有隐晦的反讽意味：点出“直把杭州作汴州”的环境与氛围，歌舞升平的音乐从夜晚延续到早上，帝王的威权和打算岂是一般百姓能知道呢？

诗人的笔触从视觉到听觉，斯人独归的动，风梳弱柳、月度宫阙的动，清歌和笛声的动，却反衬出一种非常幽雅的静来。首联一个“独”字引出月下独归的人来，二、三联的对仗颇工，“娟娟”“故故”叠字朗朗上口，清新可人。

一湾烟水为马仲祯题[1]

释德祥

占得沙河水一湾，此身能与狎鸥闲[2]。
桃花断岸无船到[3]，杨柳衡门尽日关[4]。
千里烟波归老眼，十年魂梦入乡山。
扁舟西塞山前路，流水肥鱼待尔还[5]。

作者简介：

释德祥，钱塘（今杭州）人，明初诗僧，字麟洲，号止庵。著有《桐屿集》。洪武年间（1368—1398）主持径山寺，吴之鲸《武林梵志》称德祥以《西园》诗忤上意，今观集中所载《夏日西园》一律，有“热时无处可乘凉”，又有“林木三年未得长”诸句，语意颇近讥讽，之鲸说当有所据。

注释：

①马仲祯：明初人，曾卜居沙河，号一湾烟水、止庵。

②狎鸥：《列子·黄帝》：“海上之人，有好沤鸟者，每旦之海上，从沤鸟游，沤鸟之至者，百住而不止。其父曰：‘吾闻沤鸟皆从汝游，汝取来吾玩之。’明日之海上，沤鸟舞而不下也。”沤，同“鸥”。后以“狎鸥”指隐逸。

桃花掩映凤山水门　赵辛摄

③断岸：沙河陡岸。

④衡门：横木为门，指隐者居舍之门。

⑤扁舟西塞山前路，流水肥鱼待尔还：化用唐代隐士张志和《渔歌子》词“西塞山前白鹭飞，桃花流水鳜鱼肥”。

赏析：

这首诗具有鲜明的出世思想，表现出一股悠闲、飘逸的气韵。

诗僧为友人题诗，其中禅意深蕴，显然他的朋友也是超凡脱俗之人。诗中说他自隐于沙河一水湾，与沙鸥为友，悠闲度日。隐居的桃花岸边没有船只的到来，杨柳树下的茅庐门也整日关闭。而友人经历了千里迢迢的漂泊，十年漫长的岁月，对风烟变幻早已淡然处之，却一直眷恋着故乡水湾一隅。这里的“千里”“十年”既是实指也是虚指，其中历经的困苦和疲惫只有自己了然，更显得对其眼前水湾的眷顾。如今得以回归家乡，清澈的流水、肥美的游鱼，好像都在等我，伴我荡舟于山前。

临江仙·花圃啼莺

聂大年

芳圃万花围绕处，软红晴点香泥[1]。金衣公子羽毛齐[2]。为怜春色好，终日往来啼。　记得早朝花底散，金河草色凄凄[3]。数声只在御桥西。东风回首处，香雾满长堤[4]。

作者简介：

聂大年（1402—1455），明代官员、文学家，字寿卿，号东轩，江西临川人。正统年间（1436—1449），官仁和县教谕；景泰初年，征入翰林。博通经史，工古文，善诗词，尤精书画。

注释：

①软红：指掉落的花瓣。

②金衣公子：指黄莺。唐玄宗在禁苑中见黄莺，呼之为“金衣公子”。见《开元天宝遗事》。

③凄凄：通“萋萋”，这里指代茂盛的样子。

④香雾：这里指长堤上花香弥漫。

赏析：

这首词上阕写景，起笔色彩艳丽，“芳圃”春深，数不清的鲜花绽放围绕，落花点缀于香泥中，简直就是云蒸霞蔚那样壮观啊！这时，黄莺们羽翎整齐登场了，它们通体金黄，被诗人怜爱地称作“金衣公子”，因为喜爱美好春色，它们用嘹亮婉转的音喉往来啼鸣。这里诗人采用了拟人的手法，将自己的意愿融注在黄莺身上。

下阕，诗人思绪飞扬：记得早春时节，河道两岸草色萋萋，在御桥西面，传来寥寥几声黄莺啼鸣。然而春天即将过去，如今东风已渐行渐远，却似乎舍不得离开这片春天美景，再三回首，芬芳馥郁，徘徊不去，香雾弥漫了整条长堤，使人陶醉，流连忘返。

沙河寓居

洪　昇

（一）

篱根连草径[①]，沙上启柴门。
叠嶂青三面，垂杨绿半村。
花飞羁客泪，春动别时魂。
泽雉双双雊[②]，朝飞过短垣。

（二）

深巷斜通市，高城近俯郊[③]。
池寒鱼聚窟，树大鸟争巢。
严子哀时命[④]，刘生广绝交[⑤]。
敢云吾不愧，且任客相嘲。

作者简介：

洪昇（1645—1704），清代戏曲作家、诗人，字昉思，号稗畦，又号稗村、

东河六部桥　程慰唐摄

南屏樵者，浙江钱塘（今杭州）人。他生于世宦之家，康熙七年（1668）北京国子监肄业，二十年均科举不第，白衣终身。代表作《长生殿》历经十年，三易其稿，于康熙二十七年（1688）问世，引起社会轰动。次年因在孝懿皇后忌日演出《长生殿》而被劾下狱，革去太学生籍。此后离开北京返乡，晚年归钱塘（今杭州），生活穷困潦倒。康熙四十三年（1704），曹寅在南京排演全本《长生殿》，洪昇应邀前去观赏，在返回杭州途中，于乌镇酒醉后失足落水而亡。洪昇与孔尚任并称“南洪北孔”。

注释：

①篱根：竹篱近地处。

②泽雉：生长在沼泽地的野鸡。雊（gòu）：雉鸡鸣叫。

③俯郊：近郊。

④严子：严忌（约前188—前105），西汉初期辞赋家。《汉书》说为会稽吴（今江苏苏州）人，本姓庄，东汉时因避明帝刘庄讳，改为严，后世遂称严忌。严忌少时与司马相如等俱好辞赋，以文才和善辩闻名于时，曾作《哀时命》赋，借哀叹屈原秉性忠贞、不遇明主之事，抒发自己怀才不遇的感情。当时吴王刘濞招收四

方游士，严忌与当时名士邹阳、枚乘等应召，为刘濞门客。后刘濞图谋反叛，他与枚乘等上书谏阻，刘濞不听，他离开吴，投奔梁孝王，颇得孝王厚遇。景帝前三年（前154），吴王刘濞反叛，兵败伏诛，严忌脱离较早，未罹灾祸，可见其才识过人。严忌人称“严夫子”，有辞赋24篇，今仅存《哀时命》。相传严忌死后葬于由拳县西北境（今为江苏省吴江市铜罗镇），其地遂名严墓。

⑤刘生：南朝刘孝标，作《广绝交论》。《广绝交论》取主客问答的形式，循着东汉朱穆的《绝交论》思路写成。不过《广绝交论》更突出了对“利交”的揭露及“利交”的种种表现形式。

赏析：

洪昇才情超脱，与王士祯等人来往密切，但一生际遇坎坷，做了二十多年的太学生，其余十余年旅客京华，却未获一官半职。二十七岁前后，因仕途无望，为父母所不容而被赶出家门，生活贫困，直到晚年才得到了父母的原谅。此诗写于离居后，诗人虽与父母同住钱塘县，却只能寄居沙河畔，有家不能回，心中不免有怨气。

全诗以描写景物起笔，托物言志，描摹了诗人清高孤傲的形象，颇有几分“世人皆醉我独醒”的傲然风骨，特别是最后两句，有狷狂之态，这与诗人怀才不遇有关，不难体味到诗人忧虑茫然的情绪。

沙　河

厉　鹗

澄明日影射鱼罾，淡冶风光上鸭陂[①]。
齐浸篱根三尺水，小桃正是试花时。

作者简介：

厉鹗（1692—1752），字太鸿，号樊榭，钱塘（今杭州）人，清代著名文学家。康熙五十九年（1720）举人，屡试进士不第，乾隆初荐举博学鸿词科，报罢。家贫，性孤峭，好闲静，爱山水，尤工诗词，擅南宋诸家之胜，在清代中叶浙派诗坛和浙派词坛上占有重要地位。作品多表现闲情逸致，风格冷隽清幽，著有《宋诗纪事》《樊榭山房集》等。

注释：

①鸭陂：指鸭子能缓步的平整水岸。

中河盐桥庆余亭　赵辛摄

赏析：

此诗是作者游览沙河中段，描写沙河的初春景象。乍看之下，没有提到一个“春”字，却处处写“春”，实为高妙。首联对仗工整，“淡”为素净，“冶”为艳丽，“淡冶风光”一句有苏轼“淡妆浓抹总相宜”的相通之处。颈联表现恰到好处，“齐浸篱根三尺水”，映衬出春日多雨的景象，仿佛看见初春阳光后淅沥的雨水打在篱笆上。尾联“小桃正是试花时”，描写了初开桃花有如姑娘初次对镜梳妆，将胭脂涂抹均匀，羞涩可人，惹人怜爱，极具拟人妙旨。

雪后沙河写望

厉　鹗

野桥俯川光[①]，为嚖隐疏木。
余雪连平阴，遥山自相属。
逶迤入城隅，寒色翳空曲[②]。
离离被沙草[③]，历历明村屋[④]。
应有林栖子[⑤]，残编时映竹。
烟水抱一湾，浩然竹径独。

中河　赵辛摄

罛闲鱼不上[6]，槽鸣酒初熟。
毋忧世士知，清境非所逐。

注释：

①川光：波光水色。

②翳：遮蔽。空曲：广阔回环。

③离离：草木茂密的样子。

④历历：清晰的样子。

⑤林栖子：栖息于林中的隐士。

⑥罛（gū）：大的渔网。

赏析：

这首诗将沙河雪后之景的广阔之美细致地表现出来，读来如同欣赏一轴清明雅洁的风景画。诗人站在桥上远望沙河上的风光，远处笼罩在苍茫雪气中稀稀落落的树林，若隐若现，积雪延绵不绝，剩下一片迷蒙。河边的草已然枯黄，竹林之中，似有隐士，独来独往。末句点出对清静自然的隐居生活的向往。

沙河归晚

魏之琇

（一）

橹声鸦扎傍寒梅，翠影蓬窗落照开。
好是诗人归去晚，半山遥送入城来。

（二）

官河柳影带横桥，酒旆西风晚自摇①。
灯火隔帘人隐约，小楼临水坐吹箫。

作者简介：

魏之琇（1722—1772），字玉璜，号柳洲，瓶窑镇（今属杭州市余杭区）人，清代医学家。出身医学世家，生平喜欢诗画，尤好医学，精通医理，悬壶济世，知名于时。因家道清贫，年少曾在当铺谋生，白天工作，夜则刻苦学习。著有《续名医类案》《柳洲医话》。

注释：

①酒旆（pèi）：酒旗。

赏析：

第一首诗描述的是初春时候的沙河景象，以船橹之声引出疏疏点点的寒梅，暗示春天的到来。末句描写水波山影陪伴中诗人的欣慰和愉悦。

第二首诗将风物定格在傍晚时候的沙河上。泛舟河上，渔火与岸上人家隐约成景。而“梅”“水”“箫”三字，则勾勒出一幅目遇成色、耳闻愉心的画面。

武林归舟

钱大昕

（一）

雨阻寻山兴，风留送客情。
桃花开两岸，如伴老人行。

（二）

已分模糊眼，惭看艳冶花①。

黑甜忽惊起②，当面赤城霞③。

作者简介：

钱大昕（1728—1804），字晓徵，号辛楣，一号竹汀，清代史学家，江苏嘉定（今属上海）人。其人学问渊博，学业专精，饮誉海内。王昶、段玉裁、王引之、凌廷堪、阮元、江藩等著名学者都给予他极高的评价，公推其为“一代儒宗”。

钱大昕是清代乾嘉学派的代表人物之一。他出身清贫，祖父、父亲皆以开馆授徒为业。年少时有神童之称，被选送到苏州紫阳书院读书，被誉为“天下才”。清乾隆十六年（1751）以《御试韫玉赋》受到乾隆皇帝的赏识，被特赐为举人。乾隆十九年（1754）考中进士。乾隆四十年（1775），在宦海沉浮了二十一年后，他以奔父丧为名致仕。此后三十余年，先后主持钟山、娄东、紫阳三所书院，门生达两千余人，成才者不可胜计。钱大昕学识渊博，精研经史，于文字、声韵、训诂之学以及天文历算皆有重大贡献。工诗歌，早年即享有诗名。沈德潜所编《吴中七子诗选》，钱即名列其中。其诗溯源汉魏，出入唐宋，语言平易清新，句律和谐流动。著有《潜揅堂集》《廿二史考异》等。

注释：

①冶：娇艳，形容物之美丽鲜明。

②黑甜：酣睡。宋时俚语。

③赤城：山名，位于浙江省天台县北，以土石色赤而状如城堞得名，为道家福地之一。

赏析：

诗是作者从杭州返航的船上所写。

第一首描述了船窗外的潇潇春雨，使得青山隐匿在一片白茫茫的水雾之中，诗人寻找山影的兴致顿时索然，然而伴着春风留下的是友人送别的情谊，桃花在河的两岸绵延，船也在缓缓行进，如同陪伴诗人归去。

第二首讲述了诗人在睡意蒙眬中，映入眼帘的是红艳的桃花。诗人从酣睡中惊醒，看到娇艳的花朵如同赤城山中的红霞一般扑面而来。诗人用“惭看”二字，大有辜负良辰美景的遗憾。

诗人多用拟人手法，寓情于景，借物抒情，增强了诗歌的感染力。

陆氏菊逸[①]

宋　琬

望仙桥下市廛间[②]，汩汩红尘没马鞍[③]。
谁种禽花满幽圃[④]，故收野色入晴阑？
篱根荷插培深雨[⑤]，邻曲移杯对早寒[⑥]。
玩此芳丛足怡老，南山当户不曾看。

作者简介：

宋琬（1614—1674），字玉叔，号荔裳，山东莱阳人，清顺治四年（1647）进士。明末在京师就读时，“年虽尚少，而诗文名实闻见四方”，与严沆、施闰章、丁澎等相唱和，被称为“燕台七子”，又与施闰章并称“南施北宋”。宋琬一生坎坷，在宦海沉浮，两次因“莫须有”的罪名被捕入狱，受尽凌辱，经历了人生的大起大落，尝尽世态炎凉。他的诗文多抒写自己两次入狱的境况，借此抒发胸中的愤激不平，表现了个人的失意和愁苦，情调感伤。有《安雅堂集》《安雅堂未刻稿》《入蜀集》存世。

注释：

①陆氏：指钱塘诗人陆宗亮，字孔昭。菊逸：陆氏斋居名。诗人为其菊逸斋赋诗作序。

②市廛（chán）：市中店铺，或店铺集中的市区。南朝宋谢灵运《山居赋》：“山居良有异乎市廛。”

③汩汩红尘：红尘滚滚，比喻生活动荡不安。

④禽花：菊的别名。班婕妤《捣素赋》：“见禽花以底色，听霜鹤之传音。”

⑤篱根：竹篱近地处。唐高适《宋中遇陈二》诗：“篱根长花草，井上生莓苔。”荷：承受。插：同“锸”，指锹。培：于植物根部或墙堤等的根基部分堆土。

⑥邻曲：邻居。

赏析：

诗人的朋友陆宗亮恬静而好学，仰慕陶渊明之为人，把自己的书斋命名为菊逸斋。与陶渊明不同的是，他生活在闹市，在杭州望仙桥热闹的市镇中，在滚滚红尘中，所以这首诗起首两句拿他与陶渊明爱菊作比较，说明其环境完全不一样。颔联用了设问句式，是谁在家中幽静的园圃中种满菊花，在晴转阴雨的时候移栽“东篱野菊”？明知故问，使得通篇行文有一种活泼的意趣。颈联是说绵绵的雨中，主人在菊篱根基处用锹培土，邻居时时来邀酒，共对初寒中的花圃。尾联点题，菊花不与群芳比姿，独秀于风霜摇落之时，欣赏菊花，足以怡养天年。

诗人赞赏的是菊之逸趣与朋友大隐隐于市的超脱，所以他把陆氏与陶渊明并提。此诗落墨于菊斋、菊圃、种菊、赏菊之景，抒发爱菊和隐逸之情，景中寓情，景语即情语。

同毛稚黄、沈汉仪登丰乐桥，得升字

诸匡鼎

夜气淡如水，登楼月未升。
薄雾连遥嶂①，寒星落古藤。
城头起画角②，树里出疏灯。
此夕同幽赏，高吟喜得朋。

作者简介：

诸匡鼎（约1660年前后在世），字虎男，钱塘（今杭州）人，诸九鼎之弟，工诗。著有《橘苑诗钞》十一卷、《说诗堂集》，并传于世。

注释：

①嶂：耸立如屏障的山峰。

②画角：古代一种来自西羌的管乐器，用竹木或皮革等做成。样子像一头大一头小的竹筒，表面有彩绘。发声高亢哀厉，军队用来警昏晓，振士气，肃军容。帝王出巡，亦用以报警戒严。

赏析：

诗人与诗友们观赏丰乐桥的风景，分韵作诗，得“升”字为韵。

前六句写丰乐桥夜景。夜间寒气淡淡如水，此时登丰乐楼，月亮还未升起，薄薄的雾气铺连着远山，星星仿佛落在古藤上，忽闻城头传来画角声，树林中闪烁着疏疏朗朗的灯光。后两句以和众友幽赏高吟收尾，只是写得太直白，诗味不足。

东　河

东河，开凿于唐代，宋时称菜市河，明代称东运河，清代以后称东河。全长4.1公里，南起断河头斗富一桥，沿建国路北上，过坝子桥、艮山水门，入京杭大运河。据康熙《仁和县志》卷二记载："东运河，南自钱塘界来，流至横河复出，直达坝子桥，出艮山水门与城外河合。"

东河上多桥，有斗富一桥、斗富二桥、斗富三桥、安乐桥、淳祐桥、万安桥、菜市桥、太平桥、新桥、宝善桥、坝子桥等。

同人东河观竞渡绝句四首（选一）

周骏发

河桥竞渡忆当年，衔尾投篙各种船。
此日嬉游趁午节[①]，不辜垂老急归田。

作者简介：

周骏发，清代仁和（今杭州）人。著有《卧陶轩集》。

注释：

①午节：端午节。

赏析：

杭州传统民俗里，每到端午节，杭州运河及各支流上都要举行龙舟竞渡。那天，东河上宝善桥、太平桥、万安桥各处龙舟聚集，参加竞渡夺标。两岸百姓都来河边围观，里三层，外三层，热闹非凡。

这首诗就是回忆当年在东河看竞渡的热闹场面，但诗人只用"衔尾投篙各种船"，就形象传神地描绘了各种龙船争渡的情景。

此诗描写竞渡胜景，寄情于景，是诗人闲适、安乐心情的体现。全诗读起来颇有味道。

夜闻东河榜歌[①]

诸匡鼎

东河水流鸡鸣晨，碧空云净天无尘。
橹声咿哑入银汉，街鼓隆隆夜将半。
城门水深叫箭催，乌啼向城城未开。
谁弄水声歌水调，月堕竹窗鸾共啸。

健民桥　程尉唐摄

初闻似隔浔阳潮，琵琶何处风潇潇。
渐听悠扬满入耳，柳岸眠鹤忽惊起。
休翻子夜破青冥[2]，莫愁高楼梦未醒[3]。

注释：

①榜歌：船歌。

②子夜：即《子夜歌》，乐府曲名，多为五言，以爱情为题材，后来衍生出多种变曲，现存四十二首，收于《乐府诗集》中。青冥：青天。

③莫愁：传说中的女子，古乐府中常见其名。《唐书·乐志》中载："莫愁乐者，出于石城乐，石城有女子名莫愁，善歌舞。"

赏析：

本诗通过对声音的描写，生动形象地描绘了东河的夜景。前四句写出橹声咿哑，声音直冲云霄，夜已经过半，打更声远远传来，在寂静的夜晚像鼓声般动人心魄。中间四句写城门远处传来了划水声、男唱女和的水调歌声，进而产生了"月堕竹窗鸾共啸"的想象。后面化用白居易《琵琶行》诗句，美妙的声音，连柳岸休眠的鹤都惊醒了。末两句是说这样的夜空清苍幽远，不要翻唱古老的爱情歌曲，惊醒高楼中沉睡的莫愁女。

整首诗就是一首歌，充满音律，歌声美妙，使人浮想联翩，欣喜不已，漫漫长夜也变得有趣生动了。

秋夜听潮歌寄吴尺凫

厉　鹗

城东夜月悬群木，汹汹涛声欲崩屋。
披衣起坐心茫然，秋来此声年复年。
壮心一和小海唱①，二毛不觉盈吾颠②。
胸中云梦吞八九，要挽天河斞北斗③。
倏忽晴空风雨来，杳冥水府神灵走④。
时哉会见沧溟立，自是乾坤有呼吸。
轩辕张乐万耳聋，洞庭天远鱼龙泣。
须臾声从静里消，一蛬独语星萧萧⑤。
天明作歌寄吴子⑥，想子中宵亦听潮。

注释：

①小海唱：古代吴人悼念伍子胥的歌曲。《晋书·隐逸传·夏统》："伍子胥谏吴王，言不纳用，见戮投海。国人痛其忠烈，为作《小海唱》。"亦省称"小海"。宋苏轼《复次放鱼前韵答赵承议陈教授》："为君更唤木肠儿，脚扣两舷歌小海。"

②二毛：指人老头发斑白，黑白相间，亦代指老人。

③斞（jū）：舀取。

④杳冥：幽暗，深广。

⑤蛬（gǒng，又读qióng）：古同"蛩"，蟋蟀。

⑥吴子：即吴尺凫。

赏析：

这首诗构思巧妙，诗人主要从听觉上渲染钱塘潮的声威与气势，并写出潮水来去的不同声响和诗人的心态变化。潮涨潮落，年年如是，这使诗人产生了对时光流转无情的感慨："披衣起坐心茫然，秋来此声年复年。壮心一和小海唱，二毛不觉盈吾颠。"后一句"胸中云梦吞八九"取自秦观《南都新亭行寄王子发》。慢慢读来，潮水涨落，感伤也盈于心间。但当潮水退去之后，"须臾声从静里消，一蛬独语星萧萧"，这样的情境，又怎么能不让人生起思念亲朋的情意呢？最后一句"天明作歌寄吴子，想子中宵亦听潮”，寄寓了诗人无限的思念，而朋友也肯定跟诗人一样，思绪如水，思念如潮。

食鲻鱼

厉　鹗

一尺银鲻美①，东河亦水乡。
跃时过暑雨，肥处近秋光。
收得西施网，调成介象姜②。
吴船通酒市，风味付厨娘。

注释：

①银鲻（zī）：鱼名，体长五十余厘米，稍侧扁，背部黑绿色，腹部白色，头短而扁，生活在海水和河水交界处，肉味鲜美。

②介象姜：介象，字元则，吴国会稽（今绍兴）人。三国时期著名的隐士、方士，隐术鼻祖，曾学道于东山，后来成为吴主的方术老师。裴松之为《三国志·吴志·赵达传》作注时，引《神仙传》，谓吴主要介象演变化之术，介象种植瓜菜百果，随种随长，立等可食；又于宴席当众钓出鲜活鲻鱼，让人骑其手杖去蜀中取姜，须臾取回。

赏析：

这是一首咏鲻鱼诗。清代，东河水清澈见底，盛产鲻鱼。据《仁和县志》记载：“鲻，土人于仲春捕盈寸者养之，秋而盈尺，腹背皆腴，为河鱼之最。”又据清朱点编辑的《东郊土物诗》中记载：“以艮山水门外五里塘产者最佳。”一时，鲻鱼的美味，众皆称赞。

全诗写了鲻鱼外形、产地以及成长过程，又写了杭州捕鱼烹鱼的习惯。鲻鱼肉质细嫩，味道鲜美，营养丰富，无细骨，鱼肉香醇而不腻。鲻鱼在秋天时最肥，因此此时捕鱼最佳，如诗所说“收得西施网，调成介象姜”，即会成为盘中之美食。末句写了在当时杭州酒店里，如果客人买了鲻鱼，就可以吩咐厨娘加工成美味佳肴。全诗共八句，从写鲻鱼的美，再写捕鱼，再到烧鱼、食鱼，层层递进，娓娓道来，极为传神。

东河新貌　赵辛摄

菜市河

诸璧发

长河缘雉堞[①]，水色绿于蓝。
岸柳迎风弱，汀蒲战雨酣。
浣纱溪女稚，结网罟师贪[②]。
野景平桥外，孤舟系石楠[③]。

作者简介：

诸璧发（1705—？），字础贞，诸匡鼎子，仁和（今杭州）人。著有《砚香斋诗钞》。

注释：

①雉堞：城上短墙。
②罟师：渔夫。
③石楠：树木名，花供观赏，叶可入药。

赏析：

这首诗先写了一个面的景，“长河缘雉堞”，写出了一道长河围绕着城墙。接着化用白居易“春来江水绿如蓝”的诗句，描绘出一片青绿春水，一派可爱清新的景象。

下面四句由面到点，先写景物。颔联对仗工整，妙趣横生。水岸边的菖蒲在风雨中沙沙作响，可在诗人看来，这是菖蒲在和雨水争斗，斗得酣畅淋漓。颈联写人物，有一位女子在溪边浣纱，“稚”字不仅写出了她年纪尚小，也写出了她的天真烂漫。河上的渔夫正撒网捕鱼，一个“贪”字，写出了他的私心，想要多捕些鱼。两句诗都写得真切动人。

尾联写远景，河水之上横架一座平桥，这里引用空间距离，读者的目光跟随诗人的目光，注视更远的地方。

此诗如长镜头一般，分别从河中景物、人物由近及远的描绘缩放，给人以透视的美感。

东河棹歌（选二十五）

姚思勤

（一）

苦竹编篱补坏墙①，沿河隙地亦栽桑。
女儿清早踏梯采，陌上城中一样忙②。

作者简介：

姚思勤，字春漪，清仁和（今杭州）人。生卒年及生平事迹不详，仅知其乾隆、嘉庆年间在世。居杭州之东河，有阁临河，后一度客居京华。所撰《东河棹歌》，由其后裔承宪、邦宪整理而成，有道光十六年（1836）刊本。

注释：

①苦竹：又名伞柄竹，因其笋苦得名。

②陌上城中一样忙：暗用古乐府《陌上桑》秦罗敷事。

赏析：

诗人描述了春忙时节用苦竹编制篱笆，来修补残破的围墙。或在河边的空地上栽种桑树。不知是谁家的女孩儿趁着清晨太阳尚未升高的时候，踏着梯子去采摘最为鲜嫩的桑叶。而这个时候，乡间与城中都是一样的繁忙。全诗描述了春忙时节的农村生活，一幅完美和谐的画面。

（二）

竞渡飞来指顾间①，榴花照水妒红颜②。
东河亦有销金处③，多少游船落半山④。

注释：

①竞渡：指端午赛龙舟。指顾：一指一瞥之间，形容时间短暂。

②榴花：石榴花。

③销金：杭州人盛游西湖，耗费巨繁，故杭谚称西湖为销金锅。全句形容东河赛龙舟场面盛大。

④落：停靠。半山：地名。当时杭州人多在此地看赛龙舟。

赏析：

赛龙舟的习俗，自古有之，魏晋南北朝时期就已经非常兴盛了。唐诗中就更为多见，张建封《竞渡歌》完整地记录了五月初五端午节东河龙舟竞渡的热闹场面。

诗中“竞渡飞来指顾间”，简洁的语句就说明了龙舟行走之快，场面异常热闹。“榴花照水妒红颜”句最有特色，既点明了夏季的特征，又描述了色彩艳丽的石榴花映照在水面上，恰与赛龙舟的喧闹形成对比，一动一静，反衬出赛事的隆重。同时，也暗指闺中女子临花照水，美丽的姿色让石榴花都生起了嫉妒之心。

第三句与杭州是“销金窝”的典故串连起来，最后一句写了很多龙船停靠在半山，又把半山当时作为看赛地点的繁华热闹写了出来。

（三）

东西桥影压横河，小粉场前水熨罗①。
残月晓风人不寐，中流齐唱打鱼歌。

注释：

①粉场：地名，也称小粉墙，在崇新门外。

赏析：

首句“东西桥影压横河”，一个“压”字，赋予了“桥影”的立体感和厚重感，迥异寻常，令人倍觉新鲜。“小粉场前水熨罗”，诗人将水面比喻成柔纱，妙不可言。“残月晓风人不寐”句，传达颓唐意绪的意思。可是诗人笔锋一转，“中流齐唱打鱼歌”，又呈现出一片欢腾激越的场面。此诗的最大特点在于推陈出新，而各类事物又对比鲜明、动静结合、比喻形象。字里行间虽然有淡淡的忧伤，但是诗人的心情还是悠游闲适的。

（四）

八里清波贯绮闉①，人家水榭簇鱼鳞。
题诗欲改坡翁句，灯火城河夜夜春②。

注释：

①闉（yīn）：古指瓮城的门。

②城河：《东河棹歌》：“菜市河，今称东河。以盐桥河居中，小河在其西，遂呼此为东也。成化《杭州府志》谓之东运河，南宋粮运由此入。旧时，河在城外，即以为城濠。张士诚改，作城自艮山门至清泰门以东，视旧拓开三里，而络市河于内，故又称城河。自断河头至艮山水门，计长八里。宋葛澧《钱塘赋》云：‘清流中贯，荡漾涟漪’，盖指城中水也。田汝成《西湖志余》：后沙河在艮山门外，坝子桥北，宋时居民甚盛，碧瓦红檐，歌管不绝。”

赏析：

此诗写了菜市河繁荣昌盛之景。诗里“八里清波”“簇”“夜夜春”等无不是描述了此地夜晚的繁华景象。

（五）

城曲云岚近可招，绿莎夹岸织裙腰。
此中小占西湖胜，映月垂虹十二桥。

注释：

《东河棹歌》：“东河近城曲之处，平远虚旷，望见西湖诸峰，浮螺攒黛于屋山树杪。断河头直下至艮山水门，为桥凡十二，曰平安一、曰平安二、曰平安三

（俗呼豆腐一、二、三桥，亦曰斗富）、曰安乐、曰章家（成化《志》作臧家，万历《志》作春熙）、曰淳祐（以上俱属钱塘）、曰万安、曰菜市（万历《志》作庆春）、曰太平、曰新（一名广积仓桥，俗呼广安新桥）、曰宝善、曰坝子（《咸淳志》作顺应桥，又称观音桥，桥北数武，即艮山水门，以上俱属仁和）。”

赏析：

此诗尽写东河美景，“云岚近可招”，拟人之笔。“绿莎夹岸织裙腰”，形象生动。“此中小占西湖胜”，诗人把东河与西湖相比，在诗人心里东河比西湖还美。最后一句点出了东河上的桥非常之多，恰似映月垂虹，美不胜收。

（六）

一桥二桥水不流，三桥桥畔多泊舟。
侬情长如江上水，愿郎弗住断河头。

注释：

《东河棹歌》：“《淳祐临安志》：菜市河，南自新门外，北沿城景隆观后，至章家桥。成化《志》：东运河，自东断河头至章家桥。按：新门，今之望江门，俗呼草桥门者是也。门内为望仙桥街。断河头在望仙桥东，乃《西湖游览志》谓其源本通保安水门，自宋筑德寿宫而堙之，故称断河头，亦曰旱河头。既误以茆山河为菜市河，遂谓断河头因筑德寿宫而然，竟忘却宋时菜市河在城外矣。毛稚黄（先舒）《断河引》：‘吴峰天淡吴云碧，百子灯红照离席。天河夜落织女星，灵鹊桥西化为石。青松靄靄月皎皎，一声鸡唤春烟晓。流苏四幄不飞尘，窣地金泥蓝凤小。细车忆昔出瑶池，曳云裊雨何参差。离肠一奏断河引，酒樽茶碗俱含悲。断河河水流香絮，弹莺遍著花浓处。银漏丁东隔夹城，江门月上催船去。’鲁秋塍（曾煜）《断河头看次儿计偕发行李》诗云：‘无情最是断河头，送往迎来不暂休。’”

赏析：

全诗仿效民歌，前两句写了菜市河（即断河头）的特点，故而“一桥二桥水不流”，然而三桥桥头停泊了很多船只。诗人看到此情景，由衷发出感慨：我的情意如江上之水绵绵流长，希望你不要住在断河头，以此来隔断我们之间的感情。

（七）

柔橹咿哑钓艇移，风搴荇藻散沦漪①。
解吟活水城根啮，只有符郎五字诗②。

注释：

①搴（qiān）：摘取。

②符郎：《东河棹歌》："符之恒，字圣几，号南竹，仁和茂才。年十五，从厉樊榭过城东皋园，有'寒烟栖木末，活水啮城根'之句，为一时名彦所称赏。著有《秋声馆吟稿》。"

赏析：

前两句描写了河上美丽的景色：船随着柔橹咿哑而移动，荇藻也随着风的吹动而泛出涟漪。一个"搴"字，就把景色写活了，仿佛风就是人。后两句典用"寒烟栖木末，活水啮城根"，赞叹写此处诗句之好者，唯有符之恒的名句。

解放桥　程尉唐摄

十笏精蓝近水湄，清流萦绕豆花篱　赵辛摄

（八）

十笏精蓝近水湄，
清流萦绕豆花篱。
风吹幡影闻疏磬，
雨洗苔斑读古碑。

注释：

《东河棹歌》：“东城精舍最多，莲居为胜。其地左负郭，右亘土桥。门外清流萦带，循六枳之篱而入，一往深窈。寮舍堂殿，如蜂王国，如燕子巢，户牖相向，皆极低小。古木离立，突怒霿郁。荫满阶除，苔痕常如雨过。妙香时闻，翛然有出尘之想矣。明万历时，大觉珑禅师所创。师戒行精整沈嘉，则明臣屠纬真隆、吴伯霖之鲸诸名士皆与之游。有一碑，虞长孺之文惊奇，李长蘅之书瘦硬，宋比玉之篆苍严，足称三绝。俞美英《莲居晚磬》诗：‘云敛烟飞又暮晴，横桥古渡佛灯清。笙歌无数喧中夜，谁听寒林磬一声。’”

赏析：

此诗颇有禅意。东城佛寺很多，又多近水边，门外清流萦带，景色非常美。末两句更是有味道：风吹幡影，又仿佛听到了疏磬的声音。其实这是实写，也是诗人站在远处的虚写。“雨洗苔斑读古碑”，雨水洗掉古碑上的苔藓斑痕，貌似在解读古碑上的文字。诗人看到此景，妙香时闻，翛然有出尘之想。

（九）

波痕啮岸荡成团，停泊圈篷侬也欢。
岸上胡卢兜逼仄，水宽到底养鱼宽。

注释：

《东河棹歌》："《游览志》：石板巷内有胡卢兜。案：万安桥西岸洼然广阔，俗呼为万安桥团。'团'疑是'潭'字转音，湖州小圈篷船皆停泊于此。"

赏析：

第一句写得颇有意思，万安桥团不是人工开凿的，而是由波浪咬岸慢慢形成的，"啮"字多么形象啊！第二句写小圈篷船都停在这里，这里就变得热闹非凡了。末两句是诗人的感慨：岸边上的胡卢兜窄小，如果水宽，就可以养很多很多鱼了。

（十）

泛宅浮家亦足欢，问郎何事双眉攒。
舣舟醋库红亭侧[①]，怪道心中只带酸。

注释：

①舣（yǐ）舟：停船靠岸，寄泊。醋库：《东河棹歌》："《咸淳志》：红亭醋库，在菜市桥东街南，面北，今名醋坊巷。宋时，酒醋皆官库酝造，纳缗钱于户部。临安有醋库十二，此其一也。"

赏析：

诗人以船为家也足够快乐，但是为什么双眉紧蹙呢？原来寄泊之岸边有红亭醋库，怪不得人人心中都带着酸味。诗中多寄寓了诗人对人生酸楚的感慨。

（十一）

选锋曾此戟门开[①]，桥接端平起石台[②]。
忽听鸣金喧水次[③]，中丞船看海塘回[④]。

注释：

①选锋：指南宋时选锋军。戟门：立戟为门。此处指显赫的选锋军军营。

②端平：指东河上的端平桥。端平桥在星桥之后、骆驼桥之前。今其遗址已不可考。

③水次：指船只泊岸之处，码头。

④中丞船看海塘回：此句典出《咸淳志》。《东河棹歌》："《咸淳志》：海神坛在东青门外，太平桥之东。淳祐十二年有旨：中兴以来，依海建都，宜以海神为大祀。下太常议礼，诏守臣马光祖建殿望祭。今则薄海乂安（乂：音yì，治理，安定。乂安：太平无事），恬波利济。而中丞阅视海塘，时在批验所登舟云。"

赏析：

此诗第一句睹物怀古，因端平桥想起了南宋时曾驻扎在东河之岸显赫的选锋军。第二句直叙所见之景，走过端平桥，可以看见一座用石头砌成的高台。诗人由石台联想到了码头，于是在第三、四句虚写中丞阅视完海塘乘船回来时的景象。无论是保一方平安的精锐军队，还是阅视海塘以求恬波利济的中丞，都寄予着诗人对国泰民安的美好愿望。

（十二）

雪中访戴泛扁舟[①]，遣兴远登王粲楼[②]。
夜半钟声惊客梦，杭州错认作苏州。

注释：

①雪中访戴：典出《世说新语》。王子猷，名徽之，东晋琅邪临沂（今属山东）人。大书法家王羲之之子。当时王子猷居住在山阴，一次夜下大雪，他从睡眠中醒来，打开窗户，命仆人斟上酒。四处望去，虽是深夜，但一片洁白银亮，于是起身，慢步徘徊，吟诵着左思的《招隐》诗，忽然间想到了好友戴逵。戴逵远在曹娥江上游的剡县，离得远，但心随意动，王子猷即刻连夜乘小船前往。当时天正下大雪，经过一夜才到。一路上，他兴致很高，但到了戴逵家门前，门也不敲招呼也不打就转身返回。仆人问他为何这样，王子猷说："我本来是乘着兴致前往，兴致已尽，自然返回，为何一定要见戴逵呢？"

②王粲楼：典出杂剧《王粲登楼》，元朝郑德辉所作。写三国时王粲因恃才骄矜而屡遭挫折，登楼遣闷时趁醉吟诗作赋的故事。

赏析：

诗中句句用典，雪中访戴、王粲登楼、枫桥夜泊、题临安邸。前两句看出诗人对率性随心的古人之喜好，亦能揣测其应属同类，因而夜半遣怀出游，但是耳畔突然响起的钟声惊扰了客人的睡梦，恍惚中错以为到了苏州枫桥。诗人的真性与才情跃然纸上。

（十三）

税局官厅近市阛[①]，到门流水绿弯环。
错刀锦段愁无尽[②]，目送郎舟出大关。

注释：

①市阛（huán）：市场的围墙，也借指市场。

②段：通“缎”。

赏析：

这首诗中，诗人表现出了一种忧伤的基调，也从侧面反衬出当时的社会状态。首二句点明地点，即“税局官厅”，船行此处需要停留课税。第三句点明主题，虽然有“错刀锦缎”，财富丰厚，但是依然心有忧愁，且“愁无尽”。为何？因为丈夫为了能够赚更多的钱，而不得不在外经商，辜负了闺中大好青春年华。

（十四）

临河杨柳拂楼台，画角声中暮色催。
同上新桥看明月，玉波浮动夜珠来。

注释：

《东河棹歌》：“毗陵恽寿平（格）《在杭日简毛稚黄札》云：从东园绿柳塘行三四里，逢桥五六。过城北茅子鸿新居，时刍牧歫，马驼蹀躞（蹀躞：小步奔走，来回徘徊），奔驿吹角之声相闻，暝矣。不取故道，从市中肩摩而趋，抵高云阁中，新月已挂高柳之半，露虫大作吟声。此时意君已就卧，或尚立檐下哦秋风，得奇语，正思恽子来叫绝。然兴倦后不能再穿深巷，呼君同上新桥看月也。”

赏析：

这是一首游玩赏景寄情的诗作。河边杨柳翩然飞扬，楼台高阁掩隐其中，相得益彰，交代场景。在吹角之声中，暮色四合，交代时间。“催”字极富动态感，表明暮色降临很快，亦表明了诗人“同上新桥看明月”的心态。前两句写景，是为了后两句更好地抒情所用。和朋友相约新桥上看月，眼前的景色令人赏心悦目，水波浮动，高空中的月亮倒映在水面上，宛如一颗圆润的夜明珠。物我两相宜，整首诗中洋溢着一种愉悦的情怀。起承转合，丝丝入扣，气韵通透。

（十五）

跨街玉柱架虹梁，桥畔犹存尚义坊①。
记取题名称善士，流风远并浙河长。

注释：

①尚义坊：《东河棹歌》：“《仁和县志·表杨》：尚义坊在东街新桥。万历十九年四月为善士唐耀立。今则石柱犹存，一半阑入酒肆矣。案：清泰门长明寺前亦有尚义坊。”

赏析：

这是一首写景怀人的诗作。首句以比喻的修辞手法，点出地点。第二句承接首句，将视角转移到明朝就已建立的尚义坊，为后文打下“怀人”基础。第三句转入主旨，提起明朝唐耀，因为唐耀在明朝建立了尚义坊。第四句收尾，采用夸张和比喻等多种修辞手法，赞美唐耀的功绩比河流还要长，功绩彪炳史册。整首诗雅而不俗，朴实自然，在短短的二十八个字里，能够感受到那份浓烈的怀念之情。

（十六）

旧雨时时载酒过，平桥低亚石盘陀①。
东花园内潆洄水，一道鸿沟直灌河。

注释：

①平桥：《东河棹歌》：“《咸淳志》：骆驼桥，在法明寺前。骆驼桥跨艮山门直街上。桥低而小，下为沟，汇东园诸水，出东河。或作乐渡桥。陈雪庐孝廉（嵇）过余舍，诗云：‘步屟（屟：音xiè，同“屧”，古代鞋的木底）平桥路不纡，琴尊花下屡招呼。’平桥即指骆驼桥也。”

东河太平桥　程尉唐摄

赏析：

经常雨中沽酒，从这低低的平桥上经过，桥上的石头突兀不平。东花园内的雨水回旋，竟冲刷出一条鸿沟直接流入东河。诗人描述了雨中卖酒过石桥，看到雨水回旋注入东河的场景，描述平实朴素，却难掩其惬意自由的生活状态。同时，“旧雨”也是古时对朋友的别称，可见诗中双关之意。

（十七）

古刹移来宝庆年，
定香桥远在湖边①。
莓苔小径拖吟屐，
谓是诗禅亦画禅。

注释：

①定香桥：《东河棹歌》：“《游览志》：定香寺，在艮山门内。宋乾德四年建于西湖上，今定香桥是也，名香积院。治平二年改今额。宝庆间建旌德观，移建今所。释实月有《定香寺杂咏》十一首，其二云：‘清晓柴门手自开，烟凝小径绿封苔。卖花声向桥西去，买得一枝随意栽。’诗中所云桥，盖坝子桥也。实月号渔陆，又号智佷，常驻锡定香寺，后居理安。著有《南涧吟草》，临江乡人吴西林（颖芳）为之序。”

赏析：

这首诗写得富有禅意，结尾两句中即可见一斑。开头两句点出身处的环境，后两句融入个人情感，表现出了一种亦诗亦画的赏心悦目。“莓苔小径拖吟屐，谓是诗禅亦画禅。”在小道上慢慢地行走，欣赏沿路的风景，恬适又安闲，既有诗的味道，又有画的意境，美不胜收。诗歌之美，在于恰当的留白。此诗虽是诗人自我的情感表达，却无疑给我们一种自由遐想的空间，让我们感受到那份惬意。

（十八）

城门水深月半沉，水与侬情一样深。
谁弄水声歌水调[①]，琵琶弹梦到江浔。

注释：

①水调：曲调名。传说隋炀帝杨广开凿大运河曾作《水调》，后发展为宫廷大曲。

赏析：

首句“月半沉”，点名时间，同时也反衬出城门水之深。第二句深化了情感，“水与侬情一样深”，表明情怀的深刻。第三、四句着重抒情。“谁弄”二字，富有意趣。水声潺潺，本是司空见惯之物，但是把水声唱成了《水调》，就别有一番趣味了。“琵琶弹梦”，一个“弹”字颇有动态感，优雅而唯美。整首诗，情深是主调，贯穿始终。借物抒怀，耐人寻味，隽永如斯。

（十九）

芳草春波漾縠纹，绿香溢岸好湔裙[①]。
染人濯水成五色[②]，散作芙蓉镜里云。

注释：

①湔（jiān）裙：湔，洗涤。湔裙，古代的一种风俗。

②濯（zhuó）：洗涤。

赏析：

芳草倒映在被春风吹起的水波中。两岸香气扑面，春风渐暖，正是各家女子出门“湔裙”的好日子，洗去一冬的尘埃，祈求平安。而附近染坊的工匠把清清的河水都染成了五颜六色，随着水流氤氲散开，若星云灿烂。耳畔似乎还能听到女子莺莺笑语，柔美且静好。

（二十）

雀竿游戏等寻橦[①]，赚出佳人倚绣窗。
扇影轻摇看不定，秋千水上打双双。

注释：

①雀竿游戏：《东河棹歌》："竞渡船又杂设雀竿、秋千诸戏。《西湖游览志》：三月三日，俗传为北极佑圣真君生辰。佑圣观中修崇醮事，有雀竿之戏。其法：树长竿于庭，高可三丈，一人攀缘而上，舞蹈其颠，盘旋上下，有鹞子翻身、金鸡独立、钟馗抹额、玉兔捣药之类，变态多方。观者目瞪神惊，汗流浃背。而为此技者，如蝶拍鸦翻，蘧蘧然自若也。按：此即汉西京都卢寻橦遗术，今于水嬉作之，更骇人观听矣。朱鹿田《秋千船》诗：'秋千船立双绣旗，红衫女儿水面飞。续命五丝留不得，妆梳散作余霞色。中流箫鼓断续鸣，绿窗细语啼春莺。清歌宛转尽一曲，风掠落花无限情。须臾回波吹荡漾，性命孤悬辘轳上。玉绳夭矫盘空中，唤出佳人倚栏望。飘然而来花冥冥，忽然而去风泠泠。衣香人影看不定，暗合节奏人难听。扇底桃花换人面，一寸弓腰前后卷。昆仑慢捻琵琶弦，偃师空习鱼龙战。反手频弯却月腰，缠头锦带香飘飘。贴地回环张静婉，当筵飞渡董娇娆。白日欲没饮徒散，座上有人发长叹。此生能得几回看，野鹤秋鸣怨夜半。吾邦赤子贫可怜，罂无贮粟囊无钱。一身飘荡朝兼暮，如上险竿长倒悬。人间只有秋千女，竿木随身无定所。回头四望生渔烟，一霎仙乎撇波去。'"

赏析：

雀竿之戏的人在等候寻长竿的伙伴，这时绣楼上女子倚靠在窗户旁边等着看热闹，手中的扇子轻轻地摇个不停，远远的秋千船摇摇晃晃，好似被扇动一样，看不真切。整个画面充满动感。诗中虽未描述天气，但不难看出定是个风和日丽的好天气，人头攒动，热闹非凡。诗人独选抬头望到的这幕佳人摇扇的小景，以少胜多，以静制动，更凸显四周的热闹欢快。

（二十一）

六月银鲻一尺长，算盘珠美唤侬尝[①]。
侬家惯结临波网，生长东河是水乡。

注释：

①算盘珠：鳋鱼肝，俗称“算盘珠”。

赏析：

六月正是鳋鱼肥美的时候，条条一尺多长，新鲜的鳋鱼肝更是不可错过的美味。不由得令人羡慕生长在东河岸边的渔夫，临波结网，尽享生长在水乡之乐趣。

（二十二）

木樨花放雨凄凄，水长船高桥洞低。
鲤跃中流人指说，今年河水又平堤①。

注释：

①河水又平堤：《东河棹歌》：“青乌家言：杭州湖水平堤出状元。东郊谚云：池水平堤出秀才。余戏为《城中谚》曰：‘河水平堤出解元，晚稻红莲粒粒珠。放船郭外去收租，归来风雪压篷背，一幅袁宏运米图。’《仁和县志》：谷之属凡六，一曰秔（秔：音jīng，同‘粳’），稻之不黏者，有早晚。仁和种多晚，有红莲子、木樨黄、雁来青、银杏白之名。”

赏析：

凄凄小雨下个不停，盛放的桂花被洗得鲜艳畅明。东河水涨，几乎贴近桥洞，桥上的行人指着河水里跃起的鲤鱼欢呼：今年的雨水充沛，定是风调雨顺的好光景。诗人顺从尘世俗愿，鲤鱼腾跃、池水平堤都是一种美好的愿望和期颐。

（二十三）

蓄水种鱼如种田，鱼梁鱼虾互钩连。
城河开后鱼论斗，甘露亭前泊几船。

注释：

《东河棹歌》：“《梦粱录》：坝子桥有鲜鱼行。《鸿鸣草堂杂录》：甘露亭，在艮山水门外。康熙初，耆旧募僧向各方收埋遗骼，建设道场于此。秀水万柘坡孝廉（光泰）《出艮山水门》诗：‘鱼虾屡逢疑雨响。’渔人往九江贩鱼苗，养河中。至五月方卖，谓之开城河。逐队提篮，清晨在甘露亭作市。九、十月间，用木鸭捞取，谓之卖河底。”

赏析：

东河两岸的渔民蓄水养鱼，一块一块犹如田地。用柴枝筑成的篱笆挂满了鱼虾，待到五月开合的时候，定是鱼虾满仓，提篮叫卖，甘露亭的鱼市停满了渔船。让人眼前浮现的是一派丰衣足食、渔民丰收的欢乐场面。

（二十四）

笋蔬瓜果贩沙田①，小艇如梭水面穿。
解渴有人还卖水，船舱满贮宝幢泉②。

注释：

①沙田：即月塘，其地宜种瓜。

②宝幢泉：典出朱樟《出艮山水门，过佛日山，泊安隐寺煮茶》诗：“小试风炉缓缓煎，居人争汲宝幢泉。不曾上岸寻僧话，寺外空停卖水船。”

赏析：

东河的沙田是杭州有名的出产蔬果的地方。一、二句运用比喻的手法，描写了小商贩驾着小舟在东河上来来往往贩卖沙田蔬果的情景。三、四两句运用衬托的手法，曾经被人争相汲取的宝幢泉现在满满地贮存在卖水船上，反衬沙田蔬果之甘甜、汁水之多，人们已无需买水解渴。

（二十五）

蓼花滩前秋草萋，妾住下桥低复低。
日出移船上塘去，浪高如踏广寒梯。

注释：

《东河棹歌》：“明李旻《浚治西湖说》：城东大河，今名菜市河者，本从海宁、仁和境上临平湖而来，一百二十五里入艮山水门，至断河而止，谓之上塘。其市河合西河，出武林门，北通崇德百余里，谓之下塘。上塘比之一座，载奉旨车坝所用篾缆，不许科民事，设坝夫三十名。弘治十八年，工部水利郎中臧凤因地僻事简，奉准裁革二十二名，只存八名。闸一座，名清凉闸，夫二名。旧并猪圈坝官带管。自裁革后，受德胜坝官带管。”

赏析：

转眼又是深秋，河岸的蓼花红成一片，秋天的草儿枯败凄清。女子孤身一人低头行走，心里满是思念，恨不得立刻登船去寻，只可惜人海茫茫，弱女子如踏高浪，难若登天，谈何容易？秋日易相思，女子不可言说的相思就在这红蓼萋草中变得这般无奈，令人怜爱。

续东河棹歌（选二十）

丁　丙

（一）

闲披魏老书千卷，静灌潘园菜一畦。
柳槛梅窗风月好，教人那不住河西。

作者简介：

丁丙（1832—1899），字松生，号松存，清钱塘（今杭州）人，著名藏书家。其八千卷楼藏书丰富，为清代全国四大藏书楼之一。清咸丰十至十一年（1860—1861），太平军入杭，西湖文澜阁《四库全书》遭毁。丁丙与兄丁申冒死抢救库书，后又主持文澜阁并组织补抄库书，使文澜阁库书大体得全，其功颇巨。同治、光绪年间，丁丙又参与西湖疏浚，恢复西湖景点等，功绩亦著。

注释：

《续东河棹歌》：“《东城杂记》：魏一愚，杭人，自号青门处士。醇懿靓深，平日危坐，阅所蓄书几万卷。味其言行可为人劝者，疏示诸子。杨维桢为《墓志》。”《钱唐县志》：潘时雍，钱唐人。读书赋诗，视富贵蔑如也。城东二百步，有地十余亩，古井一，宋故辇院也，荒弃弗治。购得之，为畦种蔬。天稍不雨，置桔槔（桔槔：井上汲水的一种工具，在井旁树上或架子上挂一杠杆，一端系水桶，一端坠大石块，一起一落，汲水可以省力）井上，出水灌之。见菜色青青覆地，喜曰：‘生意若此足矣。’贝清江为作《灌园赋》。宿舟河下，乃宋之船官廨。嘉熙间，施知言枢尝居是职。”

赏析：

闲来无事翻阅魏老先生的数千卷藏书，或是静静地像潘时雍先生一样灌溉自己的菜园，柳槛梅窗闲适的风光多美好啊，教人怎么不想着永远住在河西呢？本诗写出了诗人坐拥书斋，怡然自得的闲居生活感受。

（二）

河头史氏旧家风①，咫尺签祈关庙中②。
默示大魁天下兆③，漫详庚甲未亨通④。

注释：

①河头：指史家河头，在万安桥堍（堍：音tù，桥两头靠近平地的地方）。

②关庙：指万安桥的关帝庙。

③大魁：科举考试殿试第一名称“大魁”，即状元。

④详：揣摩。庚甲未亨通：典出清代金埴《巾箱说》，《续东河棹歌》引曰：“宁波史状元立斋大成乡试杭州，祷于万安桥之关帝庙。神示签云：‘君今庚甲未亨通，且向江头作钓翁。’史心怏怏，谓一第今无分耳。及榜发，中顺治甲午举人。明年乙未，状元。始解神言，谓亨通在甲未也。”

赏析：

诗人来到史家河头，想起了史状元曾在此地关帝庙祈神求签之事，诗人对此事发表了看法。诗人认为史秀才中状元已有神的预示，可以说是命中注定，所以是中解元夺状元，还是中举人夺状元都已经不重要了，随便人们如何揣摩签文之意。

（三）

庵可为舟舟可庵①，长公寓辟径三三②。
搜罗合补城东记，牛鬼蛇神助客谈③。

注释：

①庵可为舟舟可庵：吴可堂称其侨居之所为舟庵。舟庵位于新桥。《续东河棹歌》：“风晨月夕，徙倚栏槛，与波上下，以为舟也可以，以为庵也无不可。”

②长公：吴可堂的别字。径三三：即三三径。宋代杨万里于东园辟九径，分植江梅、海棠、桃、李、橘、杏、红梅、碧桃、芙蓉九种花木，名曰“三三径”。

东河坝子桥船闸　赵辛摄

③牛鬼蛇神：代指志怪传说。

赏析：

书斋外是盈盈的河水，院子里种着各种花木，和志同道合的人到处搜罗续写《城东记》，与座上宾客笑谈志怪传说。吴可堂恬静闲适的生活在诗人笔下一一展现。

（四）

旅魂宗伯返家江①，
后圃玲珑隔岸窗。
春水绿波光荡漾，
皎如玉树映双双②。

注释：

①旅魂宗伯：指关槐，官礼部侍郎。《续东河棹歌》：“营艮山新第，遽殁于宿迁舟次。”

②玉树：一语双关，一指白玉兰树，又指关槐的夫人孙树兰。

赏析：

关槐修建完艮山的新居，不曾居住，便亡故于舟中。其子关炳将其画像挂在后花园的小楼之中。一、二句诗说关槐魂魄回到了在河边的家，隔着岸窗看着精巧的后园。三、四句诗写春水荡漾，清澈如碧，园内玉兰高出墙外，花之灼灼，色如白雪。绿波映白花，纯洁又美好。诗人虚构了关槐的魂魄归家所见之景。魂魄归家，想见的不只是家中的一草一木，更想见的是家人。诗中的玉树其实是宗伯夫人孙树兰的化身。玉兰树倒映波中，寓意关槐与孙树兰两相依依，情意绵绵。

（五）

渺渺东河唱扣舷，琴台文燕盛当年①。
一从老鹤冲天去②，郭是人非鸡犬仙③。

注释：

①琴台：在艮山门内，是姚春漪孝廉的别馆。他曾与吴榖人祭酒谈艺于此。

②一从：自从。老鹤：指竹屿姚翁。《续东河棹歌》："竹屿姚翁结庐于城东定香寺巷，而规其旁以为圃，曰鹤巢。翁之从孙春漪，读书其中。一时如杭大宗、翟晴江、黄相圃、陈雪庐辈，俱雅集焉。有《鹤巢燕集诗》砖刻。"

③鸡犬仙：传说汉淮南王刘安笃信修道炼丹，丹药炼成后，他喝了丹药，成仙升天。他的亲友甚至连刘家的鸡狗，因吃了炼丹锅里的丹药也成仙了。通常用以比喻一个人做了官，和他有关系的人也都跟着得势。

赏析：

当年渺渺的东河上文人们扣舷而歌、酬和吟唱的繁盛景象，已随着姚翁的仙逝渐渐沉寂。诗人由此顿生物是人非之感。

（六）

闷凭盲女试弹词[1]，青翰舟中乐酒卮[2]。
摹出缠绵悲愤意，何须一顾始题诗[3]。

注释：

①闷凭盲女试弹词：用的是厉鹗的诗句。盲女，指王三姑，字香印。《续东河棹歌》："〔盲女〕工三弦子，转喉引声，摹英雄儿女口吻，能使听者忽喜、忽怒、忽悲、忽泣。为觥录事，能使客尽欢。"

②青翰舟：指庆春桥侧王三姑的住所。王梦楼太守为其题名"青翰舟"。卮（zhī）：古代盛酒的器皿。

③题诗：吴西林、杭堇浦、汪槐塘、袁简斋诸老，均曾赠诗给王三姑。

赏析：

弹词是我国传统民间说唱文艺中的一个重要品种，多以弦乐伴奏。至清代，弹词发展尤为兴盛，史籍诗歌中常见盲女弹唱。清初"浙派"诗人厉鹗的《悼亡姬》中有"闷凭盲女试弹词"之句，赵翼的《瓯北诗钞》中也有《重遇盲女王三姑赋赠》的诗。

此诗中，首句直接引用同城诗人厉鹗的诗句，点明"盲女弹唱"之事。第二句以太守曾书"青翰舟"赠盲女的事迹，写文人雅士听盲女弹词，与友品酒。第三句刻写盲女王三姑善口技，能摹英雄儿女口吻，将或缠绵或悲愤的场景模拟得惟妙惟肖。末句的“何须”反写出盲女弹词带给听众身临其境的高超艺术感染。

诗歌用词清丽准确，短短四句已将读者带入盲女弹词的现场，与作者一同感受现场的深情与悲愤，富有感染力。

（七）

东青巷溯古城边①，宋代屯营散野烟②。
秋水且无堂址在③，一泓谁识武安泉④。

注释：

①溯：追溯。

②宋代屯营：东青巷原是宋代屯营地。《续东河棹歌》：“宋绍定间，余安抚天锡请置殿司后军寨、殿司策选锋寨，各元额五百人。”野烟：指荒僻处的霭霭雾气。

③秋水：指东青巷西边的秋水堂。《续东河棹歌》：“为周穆门宅，名流雅集，酒盏流连。前后如汪槐塘、胡孟绅、金亚伯辈，俱有酬倡。自庚辛后，月榭风廊已灰灭矣。秋水堂之北，有王马巷摇鼓荡，或称尧古，又称姚顾，水甚清冽。”

④武安泉：《续东河棹歌》引吴自牧《梦粱录》记载：“武安泉在皇城司营，水清甘，有石刻‘武安泉’三字。”又引姚靖《西湖志》记载：“东青门之左，宋有皇城司营。武安泉水甚佳，则荡为武安泉无疑。”

赏析：

南宋时，东青巷本是城基，驻扎着宋代的军队。如今，原本名流雅集的秋水堂已无人知道确切的遗址所在，谁又能知道当年的武安泉是哪一泓？昔盛今衰、世事变迁之感油然而生。

（八）

达达城边练水军①，回回河畔唱秋坟②。
昔时城外今城里，蒙古伊谁述旧闻③。

注释：

①达达城：《续东河棹歌》引成化《杭州府志》记载：“断河头以上为达达

城。”上路达达，元时水军名。

②回回河：在万安桥西，遗迹不可考。唱秋坟：秋坟之鬼吟唱挽歌。出自李贺诗“秋坟鬼唱鲍家诗”一句。

③伊谁：谁，何人。

赏析：

曾经达达城是元水军的练兵之地，回回河畔回荡着客死异乡的战士吟唱的挽歌。元代断头河附近尚属城外之地，如今已划入城内。居住在此的蒙古后裔又有谁能详细述说过去的事儿呢？诗人由断头河附近的变迁抒发了对历史浮沉、世事变化的感慨。

（九）

第一桥居仇一鸥[①]，奉亲教子守箕裘[②]。
自来马粪称名族[③]，何碍门前浊水流。

注释：

①第一桥：平安一桥，宋称通利桥。仇一鸥：《续东河棹歌》：“一鸥，名养正，乾隆乙酉副贡，丁酉举人，桐庐训导。父青士先生，起家甲科，知上蔡县死。勤于官，民尸祝之。子晋，己酉举人。”

②箕裘：《礼记·学记》：“良冶之子，必学为裘，良弓之子，必学为箕。”良冶、良弓，指善于冶金、造弓的人。意谓子弟由于耳濡目染，往往继承父兄之业。后以“箕裘”比喻祖上的事业。

③马粪称名族：《续东河棹歌》：“《未学斋集》：余卜居平安第一桥，门前水流甚恶，久课他筑，未遑也。适叔安《吾庐诗》极道居址林木之美，笑无以和，作此解嘲。诗中有‘连日有客重款门，嘲笑老夫海上逐。河边流恶信不堪，掩鼻欲行脚欲缩。共说牛栏有故人，多惭马粪称名族’之句。”

赏析：

斗富一桥，宋称通利桥，旧名平安第一桥。后“斗富”讹为“豆腐”，俚名豆腐一桥。清仇一鸥曾居此。诗人感叹：岁月蹉跎，地貌嬗变，元代尚有摆酒赏月之景，至清只剩浊水马粪矣！

（十）

三桥河埠水偏清①，越角吴根管送迎②。
风里但劳游客榜，烟中谁觅老儿营③。

注释：

①三桥：平安第三桥，俗呼豆腐三桥，旧名五柳园桥。《续东河棹歌》引《梦粱录》云："老儿营后曰五柳园桥。"

②越角吴根：吴越故地边陲之义。春秋战国时，吴国与越国以钱塘江为界，杭州属吴国。

③老儿营：《续东河棹歌》引《咸淳临安志》云："寿慈宫营，俗呼老儿营，在崇新门外。"

赏析：

东河，流经吴越故地、前朝旧宫。上句写水，下句写风，可谓风水轮流，逝者如斯，一番物是人非、白云苍狗的感慨。

（十一）

五星明月两高楼，月夜星辰贯斗牛。
楼上天光楼下水，楼中人物最风流。

注释：

《续东河棹歌》："张奕光《东亭别集·横河月夜同五星楼诸子》诗有'凉影动星明，碧空如水清。霜桥两岸接，月夜一河横'之句。毛先舒《瞻云集·序》：'余与陈际叔廷会馆明月楼。楼在东城稍北，丛竹高树，土桥浅坝，时通商船。余喜弄烟月游洒，而际叔激烈悲歌。尝登临酹月，醉不肯休。'"

赏析：

明月高楼，上有天街月色，下有水影浮动。美景当中，楼中人物对酒当歌，还酹江月。"今朝有酒今朝醉"的慷慨意气充斥在诗人的胸间。诗歌气势恢弘，格调清雅，语言清丽空灵，韵律优美和谐，融景于情，诗人胸中格局也略见一斑。

（十二）

班门仙斧试通灵，顺应桥成岁几经。
传说当年张果老，骑驴来憩凤凰亭。

注释：

《续东河棹歌》：“《淳祐志》：城东坝子桥，改名顺应。康熙《仁和志》：坝子桥桥洞有三，相传为鲁班所造。《途说·坝子桥》：张果仙曾跨驴来游。《东城小志》：艮山门坝子桥，旧有凤凰亭，为一方之荫。咸丰八年，亭忽自焚。佥谓亭形类丝车，于机业不利。未几，有庚辛之难，丝市机声荡焉灰灭。里谚不为无征。”

赏析：

相传顺应桥为鲁班所造。作者根据此传闻，描述鲁班得一柄新斧，造顺应桥为新斧开光。与顺应桥相邻的凤凰亭，则有着张果老骑驴游憩的传说。作者将顺应桥与凤凰亭的两个民间传说嵌入诗中，仿佛鲁班仙斧的凿木声还在耳边，骑驴的张果老在凤凰亭端鸟瞰整个城东，令读者身临其境。

（十三）

市桥淳祐滞淤沙，畚锸云兴畅橹牙①。
但识中丞施教化，谁知方伯便浇花②。

注释：

①锸（chā）：铁锹，挖土的工具。

②方伯便浇花：《续东河棹歌》引《碧溪诗话》云：“应潜斋先生之高祖，讳朝玉，世居城东。万历己未进士，官刑曹，不屈魏党。官至河南左布政，俗呼其地曰大方伯。旧第甚壮丽，后圃亦宽。垣东有小巷，凿井灌花，名浇花弄。今俗讹教化弄。然询之里人，无有知者。”

赏析：

河道旁，官民卖力地挥动着一只只铁锹，传运着清理出来的泥沙，秩序井然地为河道畅通铲泥清沙。船民唱着船歌，顺畅地划动着桨橹的美好画面好像近在眼前。当前此景，让作者联想到应潜斋之高祖凿井灌花的繁丽花圃。后两句，作者运用双关语，将民间讹传的“教化弄”与实为“浇花弄”进行对比，讽刺其音相近而结果实则迥异。同时也将眼前疏浚河道的利民行为与潜斋高祖浇花扩圃的利己行为相对比，褒贬态度一目了然。

（十四）

古白洋池两隔街，横河一道忽新开。
田家湾口桥通坝，大小河船只只来。

注释：

《续东河棹歌》：“光绪己卯，梅中丞启照从慈孝庵侧开通白洋池至田家湾，以达中河。而西河，亦相因而通矣。东筑新横河桥，西筑田家普济桥，仍旧名也。中筑泥坝，以盘河船。”

赏析：

作者善用对比的创作手法，追踪到横河河运畅通的源头，将池湾相通前后现状作对比，从而反映出中丞梅启照施惠于民的政绩，为来往商船提供了便利。诗歌语言通俗易懂，地名、桥名、河名相嵌，呈现了一幅政通人和、商贸繁盛的市井画面。

（十五）

防营鼓捷纛崔嵬[①]，炮贮开花并地雷。
水外土城城外水，保全军火不飞灰。

注释：

①纛（dào）：古代军队里的大旗。崔嵬（cuī wéi）：高耸的样子。

赏析：

《续东河棹歌》载：“水星阁旁，旧有火药局。克复后，接备海警，洋炮洋枪，储积甚夥。脱有不测，东城危矣。崧中丞骏饬刘镇军祥胜，督勇环局铲濠外筑土垒，垒外开河，以防轰裂。保卫之功，有足纪也。”

作者以才运笔，用虚拟的方式假写火药局不测之况，以此反衬中丞崧骏在火药局外挖濠筑垒、垒外再开河的护民保卫之举。首句描写了水星阁旁火药局鼓声阵阵、旗风猎猎的庄严巍峨的盛况。第二句虚写威严平和的驻营外，响起惊天声雷、兵民奔走呼救的悲壮场景。三、四句瞬间转折，以楼墙—水濠—土垒—水河的缜密阵势，严阵以待严重的“万一”。寥寥数语，便将崧中丞的保卫之功刻画得入木三分。

（十六）

彩虹社罣尚飞腾[①]，崇善神祠舞队兴[②]。
来助东嘉忠靖会，龙船看过看龙灯。

注释：

①彩虹：《续东河棹歌》：“广安新桥夏后巷称彩虹渡，每岁重五，竞渡极盛。陈春晓有《东河龙舟词》。”

②崇善：淳祐桥巷有崇善院，建于元延祐间（1314—1320），祀西晋杭州刺史陈公项。

赏析：

端午节、中元节，都是民间活动较多的节日。河渡中，龙舟竞渡、掌声阵阵；神祠前，舞彩狮、耍龙灯，设宴斋供。民间的技艺与活动，不仅缅怀了先人，也为生活增添了许多生机欢闹。

作者正是通过抓住风俗活动中的鲜明特点，令诗歌呈现出了一幅色彩壮丽、热闹纷繁的民间风俗场景。读者似乎也跟着诗人的描述，从彩虹渡跟到崇善祠，又转到旌德观，从水路转到山路，从龙船转到龙灯，将民间喜乐看得痛快。

（十七）

章家利济迹非虚[①]，野鹤桥边旧卜居。
艳说观灯吴市好，可随丁令返乡闾[②]。

注释：

①章家：章家桥，在东河上。利济：有利于渡水。

②可随丁令返乡闾：典出康熙《钱塘县志》。《续东河棹歌》引该志云：“元丁野鹤，居装驾桥北，业束筒。弃去，师徐洞阳于紫阳庵。潜修密证，不露风采。惟沿门诵经，仅于官巷杜氏辈数十家，受少许米，不他丐也。元宵，众竞谈苏州灯市之盛，丁令各闭目，目启而灯见。俄失丁，则已历叩众家语故矣。久之众归，急往谢之。”

赏析：

章家桥有利于渡水这个事迹并不是子虚乌有，丁野鹤曾经居住在这里，以占卜为生。元宵之时，大家都艳羡地评说苏州灯市之盛，那么就可以跟随丁野鹤到那个地方一饱眼福。此诗描写了一位能显神通之人，也颇有趣。

（十八）

水成丁字比秦淮，结伴妆新艾虎钗。
生怕分离祷双庙，东西香进万安街。

注释：

《续东河棹歌》："万安、淳祐两桥之间，转至横河，水成丁字之形。康熙《钱唐志》：关帝庙，万安桥有东、西二庙。明嘉靖，封礼部郎钱科辟捐所居地，筑桥建庙，以安里社。康熙间，东庙毁。五世孙知县复拓居地重建。"

赏析：

此诗描写了当时过端午的习俗。首句写东河的水流经万安桥、淳祐桥之间时，水流转弯形成"丁"字，其形状堪比秦淮河。在端午这一天，闺中少女就会头配虎形的艾枝钗子，穿戴一新，相互结伴出行。她们来到万安街东、西两座关帝庙里进香祷告。那么祷告什么呢？原来是"生怕分离"，纷纷为感情祈祷，祈求感情融洽和谐。

（十九）

坝桥旧号古观音，香乳宏施解渴心。
心印善男还善女，睦庵龙藏照禅林。

注释：

《续东河棹歌》："古观音桥，即俗称坝子桥。桥西香乳庵，里人沈学曾建，复旁筑风雨亭。冬以姜沸汤，夏以泉烹茗，而施行旅。灵隐具德上人额曰'香乳'。《魏季子文集》有《建香乳庵序》。丁敬身墨迹，有署'壬午六月访扬州项贡父、罗两峰于艮山门之睦庵'。按：庵今名孝慈。劫后，尼慧机以苦行大结佛缘，请龙藏全经，构阁尊藏。"

赏析：

此诗多叙事。先从桥说起，坝子桥古称观音桥，在桥的西面有座香乳庵，庵里经常以泉煮茗，施与过往旅客，以解旅途乏渴。心印，佛教禅宗语，谓不用语言文字，而直接以心相印证，以期顿悟。此处是说，庵里并不是直接用语言文字来导人向善，而是直接以施舍的行为来证明。最后一句是说，睦庵里《龙藏经》的光芒照耀着寺院，保佑着天下人安康和谐。

（二十）

马婆巷外水方生[①]，上蒙租船趁晓晴。
凝泪提携东郭祭，柳云梨雪感清明。

注释：

①马婆巷：即葵巷。

赏析：

此诗写清明祭拜祖先之事。天气晴好之时，妇人们泪妆素衣，提携儿女，在马婆巷外租船到东城外祭拜祖先。此时是清明时节，正好是柳树密遮、梨花盛开之时。此诗有情有景，而情伤景美，形成鲜明对比。

东河新棹歌（选二）

丁立诚

（一）

一湾流水绕成隅，风景依稀似太湖。
会结放生渔钓禁，桑门原是老浮屠。

作者简介：

丁立诚，字修甫，约生于清咸丰元年（1851），约卒于清宣统三年（1911），杭州著名八千卷楼主人丁申之子、丁丙之侄，工诗。著有《小槐簃吟稿》《续东河新棹歌》《杭州市肆吟》等书。

注释：

《续东河棹歌》："桑春园观察奉办采访忠义，设局金衙庄。其东有太湖荡十亩有奇。放生会立石，禁网罟焉。”

赏析：

一湾河水流经此地，曲折围绕出一个安静的所在，风景静好，弧形岸线竟令人宛若置身太湖。这里有放生会，立着放生石，石上镌刻“禁止捕鱼、钓鱼”，这禁钓放生的善心，功德是胜造几级浮屠啊！

（二）

宿舟河下夜如潮，灯火盘龙舞一条。
蜕骨通神逃劫火，依然鼓板闹元宵。

注释：

《续东河棹歌》：“元宵行龙灯。相传宿舟河下者，为荒鼓板。其龙衣藏神龛中，未遭劫火，尚数十年前旧物也。”

赏析：

夜宿东河下的小舟上，看到河边景象如潮水涌动，原来是岸上的灯火像盘龙一般自由舞动。蜕骨通神未遭劫火，而今依然鼓板震动，庆祝元宵佳节。此诗描绘了元宵佳节的热闹场面。

续东河新棹歌（选二）

丁立诚

（一）

报关游历远人多，航埠乌篷密如梭。
我听桥头三老语，卅年前见火轮过。

注释：

《续东河棹歌》：“东河下通海宁。梅中丞抚浙时，乘小火轮阅视海塘，父老传为美谈。绍兴乌篷船埠，在万安桥。”

赏析：

此诗写报关游历之时的所见所闻。游历人之多，从乌篷船密集如梭可知。诗人就是其中之一。而诗人在桥头听老人们谈话，说三十年前见过梅中丞乘小火轮巡视海塘，一时传为美谈。

（二）

水落三桥浅似沟，犯工督竣得清流。
一支柔橹出城去，杨墅庙前好泊舟。

注释：

张端侯下令开浚城内河道。铁路公司又开掘杨墅庙前小河，以通艮山门车站，方便行舟。

赏析：

东河三座桥下河泥淤积，造成水路不通。张士诚下令开挖河道，疏导水路交通。正因为如此，才有了“清流”。后来，铁路公司又将河道开掘到了杨墅庙前。得此水利环境，诗人摇橹乘舟也就出了城去，诗人之兴可见一斑，而舟行至杨墅庙，那里是最好的泊舟处了。全诗既赞颂了张士诚的督竣功德，又自然而然地流露出诗人的雅兴。

春到东河　赵辛摄

横　河

姚思勤《东河棹歌》云："横河，东运河之支流。西湖水灌市河，从城外过坝入焉。东西夹以双桥，如眉影窥镜。《梦粱录》：崇新门外小粉场前普安桥，又名横河桥。其东名广济桥，又名报恩桥。今但名东西横河桥，而小粉场则里人仍称之。或讹为小粉墙。《仁和县志》：西横河桥，旧称横河第一桥；东横河桥，旧称横河第二桥。其地近城闉，树色高下，屋瓦参差，雨篷烟艇，早暮聚集。"今不存。

横河·打鱼行

虞淳熙

霏霏晓雾古城低，竹压危桥渔艇迷。
此时月钩不落水，大鱼小鱼争出溪。
宿鹭憎人翻雪去，鹭沙尽被渔人踞。
飞罾十丈浪花浮①，赤脚何妨多沮洳。
鱼惊迸散背尾驰，囊头戢戢交参差②。
老夫无缘救不得，飞红斫玉糜汤池。
鮹鲦泣釜沸声切，犹记芦根有残穴。
后身愿复濡前濡，洒子仍忧值江鳖。
魂归贝坻诉白龙，白龙鱼服泳寒风③。
渔人捕得燔枯处，急雨打船帆影空。

作者简介：

虞淳熙，字长孺，钱塘（今杭州）人，明万历十一年（1583）进士。

注释：

①罾（zēng）：古代一种用木棍或竹竿做支架的方形渔网。

②戢（jí）：收敛，收藏，戢翼。

③白龙鱼服：白龙化为鱼在渊中游。比喻帝王或大官吏隐藏身份，微服出行，恐有不测之虞。

赏析：

清晨的浓雾遮盖着整座古城，雨水压低的竹枝遮挡住船家的视线。这个时候，天上的那轮弯月尚未退去，趁着微光能看到溪水里大大小小的鱼儿游来游去。栖息的鹭鸟被扰醒，踩雪飞去，它们栖息的沙地早被前来捕鱼的渔夫占据。渔夫甩出手中的渔网，水中溅开高高的浪花。赤脚的渔夫只顾忙着捕鱼，早已不管是不是踩在了水坑里。收上来的渔网里，受到惊吓的鱼儿拼命挣扎，四处冲撞。

可惜我没有办法将它们一一解救，它们也只能变成人们口中的美味了。仿佛耳边能听到它们在沸水里低低的哭泣声，河岸边芦苇丛里，它们曾经的巢穴只能空空如也了。希望自己能够像一阵雨一样，播洒鱼子于水中，但又担心被江鳖捕尽。就算河底有白龙巡游，这可怜的鱼儿的命运也改变不了。只盼渔夫疲累知足之时，雨急风劲将这满江的渔船吹去。

整首诗句极为细腻地描述了诗人对于鱼儿被渔夫捕捉的命运的感叹，怜之却又无能为力的内心动态。以物喻人，也可以看出诗人对自由生活的向往，对“我为鱼肉，人为刀俎”的感慨。

簇水·忆横河红叶[①]

龚翔麟

小艇东偏，绿阴曾听鸠边雨。几番霜信[②]，宛剪就、猩绡残缕[③]。恰伴僧墙黄雪，落帽风前舞。一点点、逐乱流去。　夕阳暮。浴水鸟、断霞搅碎，只趁着渔舠住[④]。千丝撒网，便认作金鳞聚。莫是旧沟漂出，还有人题句。愁吟客、梦过吴江路。

作者简介：

龚翔麟，字天石，号蘅圃，仁和（今杭州）人，清康熙二十年（1681）顺天副贡，官至侍御史。因弹劾权贵罢官，以填词赋诗为乐。作品收入《浙西六家词》。

注释：

①簇水：词牌名，调见《惜香乐府》，双调八十五字，上阕七句四仄韵，下阕

八句五仄韵。

②霜信：霜降的消息。

③猩绡：红色薄绸。

④舠：刀形小船。

赏析：

此词是诗人对横河秋天美丽红叶的回忆，全篇都在一个“忆”字上。上阕写春天绿荫在经过几番霜降后，宛然就剪成了一缕缕的红绸带，正好伴着寺院的黄色墙，而在风前飘然起舞，一点点、一片片，随着河水漂流去。

下阕讲夕阳西下，水鸟沐浴在漂满红叶的水中，流水似搅碎的云霞一样美丽。只是趁着渔船停留，撒下千丝网时，捞着红叶会误以为是金色的鱼儿聚集在一起。诗人回忆起这秋天的美景时，仿佛回到了久别的江南，而倍添了乡旅愁思。

这首词写得很美，景美，情美，而美丽的秋景更勾起了诗人的乡思。

横河舟次，仲鱼出元椠本左克明《古乐府》共读[①]。卷首有《玉玲珑阁图记》，盖龚蘅圃侍御故物也。蘅圃旧居即在横河之侧。玉玲珑本宋花纲石，今尚无恙，而居址则数易其主矣。仲鱼索诗，漫题卷后

吴　骞

射洪手持书一卷[②]，谛审乃是田居藏[③]。
篷窗相与吟且泛，悠悠直至横河旁。
河滨遥指千章树[④]，中有玉玲珑阁处。
碧瓦朱阑照夕阳，牙签缃帙纵横布[⑤]。
夕阳奄忽下西山，异书流落还人间。
邺侯三万手未触[⑥]，买得翻教增浩叹。
神仙不待脉望变，儿孙迸共云烟散。
只道门庭尚如昔，谁知几易新台观。
盛衰倚伏呆何常，此阁此书空断肠。
凭君更制新乐府，于唱玲珑花石纲。

作者简介：

吴骞（1733—1813），字槎客，号兔床，清海宁人，诸生。著名藏书家，家有

拜经楼。据《海昌备志》载，吴骞“笃嗜典籍，遇善本倾囊购之弗惜。所得不下五万卷，筑拜经楼藏之。晨夕坐楼中，展诵摩挲，非同志不得登也”。吴骞《愚谷文存·桐阴日省编》则自述藏书曰：“吾家先世颇乏藏书，余生平酷嗜典籍，几寝馈以之。”自束发迄衰老，置得书万本，性复喜厚帙，计不下四五万卷。

注释：

①仲鱼：海宁大藏书家陈鳣，字仲鱼，号简庄。元椠本：元代刻本。

②射洪：陈子昂（659—700），字伯玉，梓州射洪（今属四川）人，唐代文学家，初唐诗文革新人物之一。

③谛审：详审，仔细审核辨认。

④千章：千株大树。

⑤缃帙：浅黄色书套。泛指书籍。

⑥邺侯：李泌（722—789），字长源，唐大臣，位至宰相，封邺侯，家富藏书。后用来赞美他人藏书众多。

赏析：

这首诗记述了玉玲珑阁的变迁。诗人与友人沿着运河来杭州淘书，泊舟横河，共读《古乐府》，并由《玉玲珑阁图记》阐发，写出了玉玲珑阁沧桑更迭的藏书历史。而玉玲珑阁在夕阳的照耀下，与它本身的碧瓦红栏、千树掩映，构成了一幅美丽的江南庭院风景。从诗中可知，园中有奇石、异书，而诗人、友人与玉玲珑阁主人都是爱书如命的藏书家，所以诗人抚今思古，忆及玉玲珑阁几易其主，典籍也流落各处，不禁感慨不已，感情怆然黯淡。

横　河

佚　名

恰有双桥卧夕阳①，横河风景似横塘。
春来谁画南朝景，绿树红楼小粉墙②。

注释：

①双桥：在横河上，西名普安桥，东名广济桥。

②小粉墙：地名，即小粉场。

赏析：

这首诗写的是横河春天夕阳下的景色，首句"恰有"两字突兀而起，一下子就造成了先声夺人的气势，继而写出了横河上最吸引人的双桥，双桥在夕阳的金光照耀下，横卧在碧波荡漾的河面上，风景很美。第二句诗人就议论了：横河风景有着像苏州横塘一带的景色。第三句诗人由议论转向设问：春天来了，有谁来画出这美丽的风景呢？而结尾行云流水般推出了绿树、红楼、小粉墙的绚丽画面。整一个画面色彩鲜明而又和谐，好一幅美妙的水粉淡彩画。其实横河一带风景如画，而著名的"东城八景"之一——横河夜月，就是在这里。

东河棹歌（选三）

姚思勤

（一）

卜宅横河有息庐，小山丛竹最萧疏[①]。
才华近与陈髯匹[②]，锦带流传四六书[③]。

注释：

①卜宅横河有息庐，小山丛竹最萧疏：《东河棹歌》引章藻功《息庐小序》云："隐不买山，归惟卜宅。乱石插三竿之竹，小盆蓄二寸之鱼。自注：癸酉四月，余自福建归，卜居于城东之横河桥。"

②陈髯：指陈子昂。匹：并列。

③四六书：《东河棹歌》引许汝霖《思绮堂集序》云："章藻功，字岂绩，钱塘人。与兄勘功、抚功并承父士斐家学，以诗文擅名于时。藻功尤工四六文，康熙癸未进士，入翰林。有《思绮堂集》行世。"

赏析：

章藻功选择在城东之横河桥畔的息庐居住，宅子的小假山上种了几竿竹子，最显清丽萧疏。他的才华堪比陈子昂，写的四六文华丽犹工，至今流传。诗人从息庐环境写起，继而写到人，着重对章藻功才华的赞许。

（二）

陂池窈窕好园亭，几折遥山作画屏。
近水更宜明月夜，凉蟾如镜照书棂。

注释：

《东河棹歌》："横河叶氏所居，在东、西两桥间，擅池馆亭榭之胜。魏玉衡（之琇）《叶氏园亭》诗：'陂池窈窕接城隍，拂面和风入槛凉。洲浅鹭鸶行见影，草深蝴蝶过闻香。院围乔木有秋意，楼对远山宜夕阳。安得水田还负郭，主人高枕到羲皇。'张颖韩《横河夜月》诗：'霜寒碧月照清川，一片空明映远天。万里乘槎如可去，凌风直向海潮边。'"

赏析：

池塘幽深，好一座江南池馆水榭，走入其中，仿佛是远处的山端作了美丽的画屏。近处的水，在明月夜里更显清澈明丽，而天上的月亮又像镜子一样照射在书房的窗格上。诗人通过联想，由远及近地描写叶氏园亭之夜晚景色，整一幅画面幽深静远，不染尘杂。

城河　韩盛摄

（三）

主人屡易姓长留，水木清华槛外收。
匹练横河看不足，插云高筑望江楼。

注释：

《东河棹歌》：“土桥畔，金中丞别业在焉，里人至今犹称为金衙庄。中丞，名学曾，字子鲁，号省吾，仁和人。隆庆戊辰进士，初授工曹，旋擢楚学使。既而分守湖南，以不合张江陵意罢归，结社孤山，有终焉之志。江陵殁，起用，抚八闽数年。以老乞休，结庐城东，擅水木之胜。尝为太夫人造望江楼，极高，风帆沙鸟在栏槛间，真大观也。”

赏析：

此诗主要歌颂了金衙庄主人金学曾的功德。首句即说世事变化无常，金衙庄主人随着年代的变迁，几易其主。可是金中丞的大名依然留在那里。他擅水木之胜，曾为太夫人造望江楼，楼高入云。此处是夸张之说，极言楼高大挺拔。在楼上看横河，如白练飞腾，怎么看都看不够，蔚为大观。

续东河棹歌（选一）

丁　丙

横河差埠叶家操，桅展黄旗刺绿篙。
头号贡船充上用，尚衣使者解龙袍。

注释：

《续东河棹歌》：横河叶家船埠，专应上塘河差役。织造府解上用龙衣船，必泊于万安水次。”

赏析：

横河码头原由叶家操控，码头上停靠的船都是绿色的桨，桅杆上还挂着黄旗。原来皇家的贡船、织造府解上用龙衣船，都停泊在这里。

贴沙河

贴沙河，开凿于唐代，全长6.3公里，南起贴新闸，北流入京杭大运河。贴沙河原与钱塘江相通，南起点在浙江闸，大潮时可泄钱塘江水。清末，由于江岸地势变化，浙江闸废止，起点河段也随之湮塞。

旧时曾与相邻几条河统称为沙河，分为里沙河、外沙河、后沙河。元末，张士诚拓展杭州城墙，贴沙河成为护城河，至今民间还有许多人称之为城河。

候潮门

候潮门，古代杭城东门，西对六部桥，南为凤山门。

咏重建候潮门楼

张　钺

（一）

十门仅有九门开，兵燹频年付劫灰①。
带海襟江形胜在，参差古堞未曾颓②。

（二）

层楼依旧枕江滨，喜见承平雉堞新。
帆影涛声窗外过，竹车遗址不沉湮③。

作者简介：

张钺，生平不详。

注释：

①燹（xiǎn）：野火，多指兵乱中纵火焚烧。兵燹：战争造成的焚烧破坏等灾害。

②堞：城上呈齿形的矮墙，也称女墙。

③竹车：明清候潮门建在吴越国竹车门遗址上。

赏析：

这两首诗写的是候潮门经过太平天国兵火之后重建的景象。

第一首写候潮门楼毁于兵火。杭城的城门十门有九门开，独独是此门不开，这是因为连年的战火摧毁了它。但是这里带海襟江的美丽胜景还在，古老的城墙也还未曾倾颓。这首诗寄寓了诗人对劫后遗址尚存而庆幸的感慨。

第二首写此门楼重建后的景象与诗人的欣喜之情。层层的门楼枕靠在钱塘江边，我们能欣喜地见到太平世道下簇新的女墙。从门楼的窗子向外看，帆影幢幢，涛声阵阵，都从这里经过。而让诗人更喜悦的是，吴越国的竹车门遗址也没有销声匿迹。

两首诗叙事、写景、抒情融于一体，而又层次分明，两首诗表达的主题逻辑又很清晰——第一首写劫后，第二首写重建。诗人的心情是复杂的，既有对战乱的痛恨、城楼被毁的痛惜，也有对劫后遗址尚存的庆幸、城楼重建的欣喜。

皋园

皋园，位于杭州金衙庄，清初杭州名园。内有梧月楼、沧浪书屋、跨溪、小太湖、墨琴堂、绿雪轩、芙蓉城、怡云亭诸名胜。园中筑有清校楼，藏书万卷。园内引入外沙河水。有平山一座，古树萧森，园竹绕山，蒹葭杨柳临水，又有了公池，乃宋先贤故址。

过故侍郎严公皋园

符之恒

（一）

一室少诗意，春风入旧园。
寒烟栖木末，活水啮城根。
出土菜初卖，觅鱼人忽喧。
独遗今昔感，花底伫无言。

（二）

风雅伊人远，怀哉水一方。

村民分废地，小草占回塘。
屋老愁多雨，苔荒黯艳阳。
迎人修竹好，日暮侍成行。

作者简介：

符之恒，字圣几，号南竹，仁和（今杭州）人，浙派诗人。著有《秋声馆吟稿》。这一流派除他以外，还有厉鹗、金农、杭世骏、符曾、丁敬、奚冈、汪沆、翟灏、吴锡麒等诗人。

注释：

皋园是杭州名园、城东胜境。然而，时过境迁，严沆故去，几经变故，斯园早已荒废。诗人写此诗时，虽然是春风袭来，可旧园的荒废之景还是不能改变。对寒烟、木末、颓墙、废地、草塘、老屋、荒苔等名词的描写，无不是在说名胜不再、沧桑不已。诗人看到此景，回想当年皋园盛况，只能感伤嗟叹。诗人由景及情，是诗人对世事变幻无常的感喟。

续东河棹歌（选一）

丁　丙

小蔡湖桥迹已湮，吟廊绿枕太湖滨。
釜鱼追悼全城泣，一顷烟波禁钓纶。

注释：

《续东河棹歌》："康熙《仁和志》：东城八景之一曰'太湖垂钓'。按：即皋园中之小太湖也。《咸淳临安志》：小蔡湖桥，在淳祐桥、普安桥、蔡湖桥之下。元张氏拓城，络河于内，河流湮塞。未淤一段，当属桥址，后人误呼为'小太湖'耳。劫后，皋园改建忠义祠，以祀两浙庚辛殉难官绅士女，湖属于祠。桑观察树勋就湖放生，立石为界，禁止网罟。许方伯应鑅面湖构阁，颜曰'枕湖吟榭'。"

赏析：

小蔡湖桥已经湮灭难寻，长长的吟廊依然枕在小太湖之滨。太平军围困杭州造成庚辛之难，全城通途隘口，深沟固垒，隔绝往来，城中悲泣，百姓如釜中之鱼。后依湖建祠，这一顷烟波荡漾，禁止垂钓。大概是为祭祀和纪念殉难者，皆因城内百姓皆有“釜鱼”之痛吧！

东青桥

东青桥，横跨东河上，在东青巷附近。

东河棹歌（选一）

姚思勤

潇潇暮雨碧云寒，冶梦烟花梦已阑[①]。
至竟东青桥下水[②]，居人认作武陵看[③]。

注释：

①冶梦烟花：指妓女风月之事。

②至竟：究竟。东青桥：南宋时，杭州东青门附近以瓦子、勾栏等娱乐场所闻名。

③武陵：即武陵溪。刘义庆《幽明录》载东汉刘晨、阮肇入天台山，迷不得返，寻水得大溪，溪边遇仙女，并获款留。刘、阮出来后，人间已历七世，后复往，不知所在。文人遂以武陵溪名其溪。

赏析：

第一句一个“寒”字透出了作者悲凉的心绪，潇潇暮雨，有苏词“潇潇暮雨子规啼”之典，更加衬托了气氛，第二句旋而能更深地表达失落的情绪。后两句描绘了亦真亦幻的风景，运用了武陵的典故，有一种缥缈的美感。

宝善桥

宝善桥，横跨东河上。清乾隆二年（1737）由清代书法家茅静远发起修建。茅静远晚年皈依佛门，法名宝善，桥因此得名。

夜泊宝善桥

李赓芸

皎月照空江，江横露华白。

宝善桥　程尉唐摄

高吟四愁诗[①]，遥情托良夕。
美人碧云端，咫尺音尘隔。
我欲从之游，待借临风翮[②]。

作者简介：

李赓芸（1754—1827），字生甫，号许斋，江苏嘉定（今属上海）人。其以礼经史志为根底，在文家别开一径。

注释：

①四愁诗：东汉张衡所作。诗人借诗喻意，抒发心烦纡郁之情。

②临风翮（hé）：形容迎风的翅膀。翮：鸟的翅膀。

赏析：

诗人月夜泊舟宝善桥边，看到水月交辉、空明澄澈的景色，兴之所至，吟成此诗。

开头两句写了月夜东河的景象：皎皎明月照在东河上，水面波光露出银白之色。一个“空”字，既写出了半夜江面无一船往来的情状，也写出了诗人内心的孤寂。接下来诗人触景生情，高声吟诵《四愁诗》，把高远的情思寄托在美好的夜晚。

后两句诗人将明月比喻成美人，悠游在碧云之上，似乎仅是咫尺之遥，但是却只见其形，不闻其声。接着诗人说想与明月一起遨游，所以等待借问迎风的翅膀。

诗人的浪漫情怀跃然纸上，但是诗人的惆怅也穿插其中。全诗表现了诗人心情杂陈，无法排遣而寄托在月夜之上。

东河棹歌（选二）

姚思勤

（一）

庄船步头挂布帆[1]，微风掠水日西衔。
夜来别有空濛景，渔火星星隔翠杉。

注释：

①庄船步：《东河棹歌》："宝善桥下，地名庄船步，为苏州庄船停泊之所。又下为扬州、盛泽船停泊之所，船步有石梁亭。

赏析：

诗人把船停在庄船步，船只高高挂起布帆。此时落日西下，习习微风掠过水面，粼粼的水光异常美丽。夜晚到来了，夜幕之下，江上别有朦胧、缥缈之感，甚有味道。而远处的星星渔火，在江上隐隐约约，像是隔了一排排翠杉。诗人描绘的就是一幅江上夜幕图，美妙非凡。此景美丽如画，想必诗人心情也非常不错。

（二）

踏灯看月醉挥毫，扇影随人上画桥。
但觉银河通咫尺，谁云清浅不容刀。

注释：

《东河棹歌》："宝善桥，清乾隆二年里人茅瀚等建。辛丑中秋，同人小集予舍，各赋《中秋踏灯》词四首。余首倡云：'软绣铺成街一条，连厢打鼓学元宵。闹灯翻觉秋风暖，扇影随人上画桥。'翁柳湖（承高）云：'游遍欢门兴未阑，满拌通晓看蟾盘。偶来宝善桥头立，始觉凄凄风露寒。'黄书崖（模）云：'更上河桥看月华，红灯俯见万人家。西凉游玩知何似，一霎高寒透夹纱。'"

赏析：

此诗描绘了中秋盛景美情。诗人喝醉了酒，踏灯看月，泼墨挥毫，兴致颇高。醉眼中，看到扇子上的人走上了美丽的桥，只觉得银河只在咫尺。最后一句“谁云清浅不容刀”，反问语气，突兀而来，诗人的豪迈气概显露无疑。

续东河棹歌（选二）

丁 丙

（一）

宝善桥边水泊矶，凌云斗阁榜璇玑。
青鸾缥缈丹霄下，偶戏人间判是非。

注释：

《续东河棹歌》：“宝善桥西有璇玑阁，设坛扶乩（jī），众皆叩祷。”

赏析：

宝善桥边的河水拍打着水中突出的岩石，璇玑阁的斗檐上云雾缭绕,宛若有青色的鸾鸟在绚丽的云霞间忽隐忽现，偶然来到人间，观人间疾苦，判吉凶祸福。诗句中不难看出宝善桥及璇玑阁美景如画，幻如仙境，令人喜爱不已。

（二）

鸭脚青黄暝色衔，相思寄语尚喃喃。
叶舟先出东新栅，待缒宵城达信函。

注释：

《续东河棹歌》：宝善桥堍旧有银杏二株，百年物也。杭城信局船，傍晚先出东新关栅外，暮夜始将各信总缄，挂艮山城转递信船。”

赏析：

此诗先写了宝善桥边的环境：“鸭脚青黄暝色衔”。银杏树青青黄黄，此时已经是暮色苍茫，与银杏之色相融一起，异常漂亮。接着写杭城信局船上，还能听见喃喃的相思之语。相思之人乘一叶扁舟，早早地停泊在东新栅外，等候相思的人儿寄来的信函缒城而下，解慰相思之情。

古新河

古新河，全长3.8公里，又称西城河。此河南起今少年宫东侧，与西湖圣塘闸相通，沿环城西路西侧北上，过混堂桥后，沿湖墅南路继续北上，后分为两支，一支东折过左家桥、卖鱼桥流入京杭大运河，一支西折过石灰坝入西溪河。

香市

何琪

春风淡沱春日长[1]，三竺络绎人进香[2]。
香船弥望不可纪，一一衔尾松木场[3]。

西湖圣塘闸景区

作者简介：

何琪，字东甫，号春渚，清钱塘（今杭州）人，诗人、书法家、篆刻家。著有《小山居诗集》《唐栖志略稿》。

注释：

①淡沱：风光明净。

②三竺络绎：指上天竺、中天竺、下天竺三个寺庙进香的人很多。

③松木场：宋时为柴场，也称棕毛场。近古新河，其地有松木场河，连接西溪、余杭塘河、运河，旧时嘉兴、湖州两地及近郊到灵隐、天竺的香客皆泊舟于此。这里茶肆、店铺林立，有“松木场市”之称。

赏析：

此诗描写了杭州香市旺盛、香客熙攘的情景。

起笔写春天里风光明净，点明了香市盛行时间。春日里，风光旖旎，络绎不绝的人前往三天竺烧香。那进香的盛况到底如何呢？诗人从香船入手，说香船一艘接着一艘，连绵起伏，好像没有边际。一时之间，香市的热闹和喧嚣、人声沸腾仿佛不见了，船只鱼贯衔尾，却不留一点声音，无形中主静观的佛法经义好像也得到了几分描摹。

这首诗用词简略、精练流畅，无一字多余，层次分明，字句紧扣，写出了春日香市胜景。

东河棹歌（选一）

姚思勤

香市喧阗①松木场，年年三月集村航。
分头翦路东河去，船尾拖旗打鼓忙。

注释：

①喧阗：喧闹。

赏析：

此诗写杭州香市的热闹场景。进香之人，多泊舟于松木场。每一年的三月，这里都停满了船只。热闹之景并非只是船停得多，而是进香结束时各船分头往东河驶去。船只争先恐后行驶，竟有了船尾拖旗打鼓这样的竞争样式，热闹非凡。

武林北墅竹枝词（选一）

王　晫

掘开鱼荡可通河，寄泊香船利较多①。
不道旱干香客阻②，教侬何法应催科③。

作者简介：

王晫，仁和（今杭州）人。有《峡流词》一卷、《墙东草堂词》一卷。

注释：

①香船：香客前往寺庙烧香所乘的船。

②不道：不料。

③催科：催收租税。

赏析：

前两句是写明清时杭州上泥桥到松木场一带，很多人把自己的鱼荡挖开通河，用来停靠香船，以看管船只收费获利。只因香客众多，船满为患，造成水路阻塞。后两句以“不道”为转折，说谁也没有料到今年干旱厉害，河水干涸，舟楫不通，香客被阻，鱼荡主人无以为生，却依然要上缴租税，他们没有办法，无一不是忧心忡忡。

诗人从香市的盛况到自然灾害造成的惨淡，来说明世事的变化无常，具有一定的批判意识。

上塘河

上塘河，开凿于隋大业三年（607），时称“陵水道”，为京杭大运河的南端。元末，张士诚开新运河（今塘栖武林港至拱墅区江涨桥之间河段）后，京杭大运河改道，上塘河成为运河支流。其全长48公里，其中杭州市境内长28.07公里，起自施家桥，向东北流经半山、星桥、临平，后流入海宁境内，直至盐官镇。以其流经路线最长，故亦称长河。

暮春上塘道中

范成大

店舍无烟野水寒，
竞船人醉鼓阑珊。
石门柳绿清明市①，
洞口桃红上巳山②。
飞絮著人春共老③，
片云将梦晓俱还。
明朝遮莫长安道④，
惭愧江湖钓鱼闲。

作者简介：

范成大（1126—1193），字致能，号石湖居士，吴县（今属江苏）

人，南宋政治家、文学家、诗人，与陆游、杨万里、尤袤并称南宋四大诗人。范成大诗风清新自然，贴近生活，充满江南田园情趣。他学识渊博，著述丰富，主要有《石湖居士诗集》《石湖词》《吴郡志》《桂海虞衡志》《吴船录》等。

注释：

①石门：地名，在今桐乡市，江南运河所经。

②洞口：地名。上巳：即上巳节。农历三月初三为上巳日，主要以祭祀为主，

上塘河　程尉唐摄

上塘河边　程尉唐摄

也称女儿节。

③著人：粘人、附着。

④遮莫：不必。长安：一指海宁长安镇，上塘河所经，亦代指临安都城。

赏析：

这首诗描述了暮春时节，诗人船行上塘河中一路所见的景色。河道两岸，店舍没有袅袅炊烟，水面生寒，原来大家都去看端午龙舟竞渡了。而赛龙舟之人喝醉了酒，龙舟助兴的鼓声也渐渐消散了。诗人看到此景，发觉春天过得真快，前不久石门市、洞口山还是桃红柳绿，才过了清明节、上巳节，转眼间就到了暮春时节。颈联，诗人又回到了现实场景，柳絮随风飘荡，点点片片粘着在人身上，春已渐逝，人也渐老，像是清早梦醒时的恍然若失。尾联写诗人感叹自己明朝不要在长安道上，羞愧地感到自己像在江湖间钓鱼翁那样闲散。

这首诗，写了暮春之景，由景及情，表达了诗人感慨春天流逝的可惜之情，表现了诗人不愿意闲散度日、碌碌无为的心情。

上塘河新景点　程尉唐摄

上塘行

汪　沆

上塘河水百里经，西仁和接东海宁。
夹岸腴田三万顷，禾苗灌溉长青青。
我昨扁舟出北郭，道逢田父泣相告。
县符火速催新粮[①]，起视田无一粒谷。
年年五月梅雨多，小浜大港接官河[②]。
懊恨堤堰私盗抉[③]，尾闾泄尽成枯禾[④]。
方今长官比召杜[⑤]，哀尔农人勤作苦。
眼看畚筑急修防[⑥]，河水弥弥盈上塘。
满篝满车庆丰稔，明年饱饭肩粟输官仓。

作者简介：

汪沆（1704—1784），字西灏，号槐塘，钱塘（今杭州）人。一生博览群书，好学深思，致力于实用之学，著述甚富，曾参与《浙江通志》《西湖志》的

上塘河与运河交汇口的映月桥　赵辛摄

编修。

注释：

①县符：县衙发出的公文。

②浜：小河。

③抉：通“决”，指冲破堤岸。

④尾闾：指事物趋归或倾泻之所。

⑤召杜：西汉召信臣和东汉杜诗。他们都曾为南阳太守，且皆有善政，使人民得以休养生息，安居乐业，故南阳人为之语曰：“前有召父，后有杜母。”见《汉书·循吏传·召信臣》和《后汉书·杜诗传》，后以“召父杜母”为颂扬地方官政绩的套语。

⑥畚筑：装土的建筑。

赏析：

这是一首叙事诗，写得波澜起伏，跌宕生动。

起首四句，写上塘河连绵百里，西起仁和，东至海宁，放眼望去，堤岸两边有三万顷良田，禾苗青青，长势茂盛。

“我昨”以下八句讲述诗人昨天乘船出杭州城北，路上遇见一老农在哭诉。县府公文十万火急催缴新粮，田里却颗粒无收。本来每年五月都多梅雨，大小河流连接着官河。可恨今年堤堰被人私自扒开，洪水倾泻，禾苗尽毁。

“方今”以下六句是诗人安慰老农的话。当今地方长官堪比召父杜母，体恤农民辛勤劳作的辛苦。“我”已看到大家拿着工具在急修堤防，河水盈盈灌满了上塘河。相信你们定会满笼满车来庆祝丰收，第二年你们不仅能吃上饱饭，还会有粮食交给官仓。

这首诗真实记录了上塘河两岸农民的穷苦生活与水利状况，具有史料价值。字里行间，我们读出了诗人对民间百姓疾苦的深切关注和同情。但是在诗人同情的同时，诗人的愿景是美好的，这也给贫困农民不少的安慰。

沈塘湾

沈塘湾，在艮山门外，大关附近，又名沈家湾。仁和县（今杭州）东北十五里沈家塘，即沈崧宅。

宿敌楼呈阮中丞①

田艺蘅

百尺高台百尺楼，一天烽火促更筹②。
元戎号令如霜雪③，四月江南早报秋。

作者简介：

田艺蘅，字子艺，钱塘（今杭州）人，田汝成之子。其人高旷磊落，嗜酒任侠，博学善文，曾官安徽休宁训导，后罢官归杭，愈益放荡不羁。著有《大明同文集》《田子艺集》《留青日札》《北新关志》《煮泉小品》等。

注释：

①敌楼：城墙上御敌的楼，也叫谯楼。
②更筹：古代夜间报更用的计时工具。
③元戎：将领。南朝陈徐陵《移齐王》：“我之元戎上将，协力同心，承禀朝

谟，致行明罚。”

赏析：

这首诗，诗人在首句即写出了台基高百尺，楼高百尺。诗人连用两个“百尺”，既是夸张写法，也是诗人对楼台的赞美。在诗人眼里并非只有宿敌楼，还有可能蔓延的硝烟战火。三军严格遵守将军号令，其军纪之严明如冬日霜雪。有这样的将军、这样的士兵，诗人对战争的胜利充满了信心。

自古以来，杭州以江南形胜、烟雨楼台、闲适和平而著名，但历史上也多次遭兵火浩劫。全诗四句来咏御敌楼，由眼前敌楼到远方战火，由楼的描写到将士的刻画，构思巧妙，显得很有气势。

沈塘湾

沈廷芳

吾家湾最好，小艇即为家。
一棹烟波去，遥天雁字斜。
寒松窥野屋，残雪点溪沙。
夕景木簰集①，行人争渡哗。

作者简介：

沈廷芳（1692—1762），字畹叔，号椒园，仁和（今杭州）人。清乾隆元年（1736）举博学鸿词科，选翰林院庶吉士，授编修。出任山东道监察御史时，逢灾年，开常平仓赈济灾民。清乾隆八年（1743）为江南道，巡视山东，监理河务。后任登莱青道，疏通河道，安置流民，为官清廉，受到百姓爱戴。著有《隐拙斋诗集》《隐拙斋文集》等。

注释：

①木簰：木排，又称木筏，捆绑好的木排沿水路群集。

赏析：

这首诗写得别有情趣，诗人对沈塘湾不吝赞美之词，语言工丽，情调飞扬，诗格婉转流美。

首联即写沈塘湾“最好”，诗人以小舟为家园。可见诗人生活在沈塘湾，非常惬意。颔联写平日里泛舟在苍茫的水烟之中，不经意间往往会看到远在天际的雁阵飞过，从中感触到时节的更替、岁月的变迁。颈联转写隆冬时节，寒松窥看着郊野的房子，残留的雪点缀着溪边的沙滩。一个“窥”字，一个“点”字，写得意趣非凡。尾联又写出了湾里的热闹场景。傍晚时分，人们撑着木排急于回家，一时水面上出现争渡哗然的局面。而诗人静静地看着，有着说不出的自在逍遥。

全诗层次分明，秋景、冬景、夕景一一呈现。诗人写自己的船居生活，闲适安然。每一联都构成一幅美丽的风景画，诗画交融，耐人寻味。

三塘渔唱集（选二）

丁　丙

（一）

归橹欣无木筏争，沈塘湾里碧波清。
义桥正作村夫子，重话家山老弟兄。

（二）

沈崧归省过临安，武肃留军奏授官①。
文献一编渺千载②，塘湾密竹尚清寒。

注释：

①武肃：指吴越王钱镠，史称武肃王。

②文献一编：沈崧卒谥文献，著有《钱金集》二十卷。

赏析：

《西湖志》记载：“沈塘湾相传有沈崧宅。”这首诗从沈崧的生平事迹着手，赞美了沈崧的一生，同时暗示了诗人自身的书生情怀。

第二首诗因写沈家塘，故前两句便直截了当概述了当年沈崧回福建省亲路过杭州时，为吴越王钱镠所赏识，留军授予官职，为吴越国作出了巨大的贡献。诗人没有渲染此人的神奇之处，而是将目光聚焦到一处：沈崧曾撰写《钱金集》一书。“文献一编渺千载”，原来功成名就不过是转眼即逝，只有文章才能成就千古之事。最后一句写出了沈塘湾河岸竹影婆娑，反衬了沈崧故居的幽凄。

东新关

东新关位于石桥乡，另据《大清一统志》记载："东新关在县东北艮山门外十里，有桥，旧建敌楼为扼要处。"

出东新关

史元中

十年西度水云东，三径非无旧菊松①。
客梦入秋惊落叶，交情计日候晨钟。
扁舟暗识曾来路，短剑长随未定踪。
试问尚平家事了②，几时杖笠许相从。

作者简介：

史元中，号鹿泉，鄞（今宁波市鄞州区）人。明嘉靖十年（1531）举人。著有《青墨集》。

注释：

①三径：归隐者的家园。

②尚平：指东汉高士尚子平，隐居不仕，携友漫游五岳名山。这里是向往高士隐逸的意思。

赏析：

此诗写了诗人向往归隐的心情。诗中菊松、落叶、晨钟，扁舟识路、短剑长随却不知踪迹，以及写到了尚子平的典故，无一不是说明身不由己、意欲归隐的心情。"客梦入秋惊落叶，交情计日候晨钟"，诗人是在感叹时间消逝之快，只能计算了，一点点的悲伤情调。"扁舟暗识曾来路，短剑长随未定踪"，扁舟识路，短剑无踪，前后对比，又是多少无奈？"几时杖笠许相从"，而诗人归隐之心又是多么迫切。一句一句，读起来真是为之动容，仿佛诗人向往的生活就是他年欲追求的。

东新关

诸壁发

小艇如蚁聚，鸡鸣早开关。

橹声隔树响，帆影逆波回[①]。
税薄商情乐，官清役兴灰[②]。
轻装吾竞渡，长啸醉余醅[③]。

注释：

①回：指变换方向。

②灰：消沉、兴致很低。

③醅：未滤去糟的酒，泛指酒。

赏析：

本诗以白描手法呈现了一幅生动鲜活、富饶祥和的东新关市井图。码头边的船只密密麻麻，如同蚂蚁般排列集聚，随着雄鸡鸣晓，东方既白，桨声不断，帆影泛动，市集逐渐热闹起来，买卖声、吆喝声此起彼伏，祥和的民乐之风让官役们十分清闲，不觉无趣。面对此情此景，诗人以酒作墨，以诗为笔，畅写人间安详生活。

东新桥

东新桥，横跨上塘河，始建于唐贞观年间（627—649），单孔石拱桥，今桥为清光绪二十五年（1899）重修，现位于浙江工业大学校园内。

东新桥值雪[①]

朱南杰

闲关入帝乡[②]，飞雪出余杭。
天地皆明白[③]，山川忽老苍[④]。
柳眉遮旧影，梅额点新妆[⑤]。
客里急先务，桥边问短航。

作者简介：

朱南杰，丹徒（今属江苏）人，南宋江湖派诗人。著有《学吟》一卷。

注释：

①值：遇到，碰上。

②闲关：指东新关。帝乡：指杭州，南宋定都临安，故称。

③白：明净，白净。

④老苍：容颜苍老。

⑤梅额：指梅花妆装点的额头。

赏析：

这首诗写了诗人到杭州在东新桥遇雪的境况。

首联一“入”一“出”，写了诗人遇雪的情景，为此打开了一个广阔的空间。颔联、颈联皆写雪景：远观，天地变得明净素白，而山川则因雪的覆盖，显得灰白苍老；近看，雪覆盖了如眉的柳枝，遮住旧时的倩影，梅花积雪如点染新妆，煞是美丽。尾联写人事。客人有急事需要乘船离开，正在桥边询问是否有短途归船。

全诗既有雪景描摹，又有人事描述，其情其景，情景交融，好比一幅高人所作的雪景图。

舟出东新桥

方　回

市声巷语笑连歌，客舍喧啾奈汝何。
才出城闉愁眼豁①，适逢秋霁病身和。
力行官道于时背，心感皇天所相多。
鸿雁稻粱焉用足，政须寥廓谢虞罗②。

作者简介：

方回（1227—1307），字万里，一字渊甫，号虚谷，别号紫阳山人，歙县（今安属徽）人。南宋理宗景定三年（1262）别省登第，长期寓居杭州。著有《桐江集》《桐江续集》，选编《瀛奎律髓》。

注释：

①城闉：瓮城的重门，泛指城门。

②政：通“正”。寥廓：宽宏豁达。虞罗：原意是掌管山林之人捕兽的工具。在此比喻种种限制。

赏析：

首联中，市井小巷中欢声笑语，热闹非凡，但是诗人却想远离这样的环境。“客舍喧啾奈汝何”，犹如一声深长的叹息，都成为一种奢求。不同人生，别样心情，客居异乡，从头回顾，自然充满复杂的心绪：历经科场的得意、仕途的坎坷，独自幽隐他处。所以，颔联中，诗人刚出了城关就一扫愁闷，眉开眼笑。秋雨过后天气晴好，诗人的病也好了不少。诗人似乎解脱了，可是一个“愁”一个“病”，还是有些凄凉。颈联中说想要力行官道，却遭到奸佞权臣的排挤、抑制。而“心感皇天所相多”的讽刺意味不可谓不足！尾联中“稻粱”是利禄所在，生计所系，人生无一不如“鸿雁”，到处求乞追求。诗人却反其意而用之。最后一句，诗人不禁发出这样的感慨：如果当政者宽猛相济，尽力减少苛政，人生也许就不会有这么多心酸的况味。

清湖桥

清湖桥，位于杭州八字桥西，跨清湖河上。

寓清湖桥，夜枕闻雨

汪　莘

要识人间过去愁，春宵风雨到湖楼。
如今此恨无分处，应有知人在后头。

作者简介：

汪莘（1155—1227），字叔耕，号柳塘，休宁（今属安徽）人。少年居黄山，读《周易》《老子》。宋宁宗嘉定间（1208—1224）曾向皇帝上疏申诉冤屈，不报。汪莘先与朱熹书，朱熹重之，召赴经筵，用其言。中年筑室柳溪，号方壶居士，有《方壶存稿》《方壶诗馀》。词作似苏东坡，不受音律束缚，潇洒明净。嘉定元年（1208）自序其词云：“余于词喜三人，盖至东坡而一变，其豪妙之气，隐然流于言外，天然绝作，不假振作。二变而为朱希真，多尘外之想。三变而为辛稼轩，乃写其胸中事，尤好称渊明。”

赏析：

这首诗，诗人感触万端，愁到深处，犹如淅淅沥沥、绵绵不断的春雨。乍暖还寒季节，辗转反侧，夜难成眠，“如今此恨无分处”，更是难以解脱。宋宁宗开禧年间（1205—1207）下诏攻金，不久军事受挫，向金人求和。杨皇后与史弥远等勾结，杀害主张抗金的韩侂胄，与金达成屈辱的“嘉定和议”。史弥远专政，粉饰太平，朝野上下，一片歌舞升平。汪莘上书，不为所用。可以想见其愁其恨大半来自亡国之恨，报国无门之愁。“应有知人在后头”，以议论作结，有几分自信，也有几分希望，又有几分无奈。

题适安清湖寓居[①]

陈 起

薰风轩槛晓晴开[②]，郁郁桐阴手自栽。
二水合流当户过，一山分影入楼来。
琴奉良友时挥弄，诗欲名家巧剪裁。
可羡一廛安所适[③]，纷纷车马汩黄埃[④]。

作者简介：

陈起（？—1255），字宗之，号芸居，人称陈道人，钱塘（今杭州）人。宋宁宗时乡贡第一，时称陈解元。开书肆于钱塘睦亲坊，取江湖间名人小集数十家，选刊为《江湖集》《江湖后集》《中兴江湖集》等，江湖诗派因此得以传世，人盛称之。陈起所刻刊本字体清秀、刻工精良、墨色厚重，是宋版书中的精品。他刊刻的书极多，以唐人诗集和南宋江湖诗集影响最大。今存唐诗五万余首，陈起刊刻功不可没。明清以来对他刻的书通称“书棚本”。宋理宗宝庆初年，他因作诗讽刺权贵，罹江湖诗祸，为权相史弥远所流配。后经在朝诗人郑清之斡旋，得归。他在诗词上颇有造诣，著有《芸居吟稿》，今仅存其一《芸居乙稿》。

注释：

①适安：据《南宋古迹考·寓居考》：“武适安，名衍，字朝宗，汴人。以诗名著宝庆间。有《适安藏拙稿》。方万里称其诗情致直害，多可笔于丹青者。所居有池亭竹木之胜，命曰‘适安’，即以自号。”

②轩槛：栏板。

③廛：泛指民居、市宅。

④汩：疾速行驶。《楚辞·离骚》：“汩余若将不及兮，恐年岁之不吾与。”

王逸注："汩，去貌，疾若水流也。"唐杜甫有《晚晴》诗："汩乎吾生何飘零，支离委绝同死灰。"

赏析：

诗人的朋友武衍住在清湖河畔，河水通船自载酒，桐阴近屋可修书，过着山水琴诗的闲适生活，让整日忙于刻书卖书的陈起非常羡慕，于是写下这首诗相赠。

首、颔联写寓居楼外景观：暖风徐来，晨光晴好，开启轩槛，主人手栽的桐树浓荫匝地，门前二水合流而过，远山青影遥接。颈联写楼内主人的生活：与好友时时挥琴，巧心作诗。尾联以议论作结：主人一宅安适的生活真值得羡慕，不像他人车马疾驶于黄尘飞扬的路上，整日为生活而奔忙。

诗中描写的适安清湖寓居的清丽风景与风雅的生活，表达了诗人自己的殷羡和向往。

五里塘

据《咸淳临安志》记载："五里塘，在艮山门尉司外。"

五里塘

陶宗仪

破屋三家市，扁舟五里塘。
冷波浮落照，饥雀聚枯桑。
氛祲乾坤戚[①]，兵戈道路长。
漂流无依著，何日定归乡。

作者简介：

陶宗仪（1329—1412），字九成，号南村，黄岩清阳（今浙江台州市路桥区）人，元末明初著名史学家、文学家。著述颇丰，有《南村辍耕录》《书史会要》《说郛》《南村诗集》等。

注释：

①氛祲：预示灾祸的云气。

赏析：

这首诗描写元末兵乱时期，杭州五里塘的景象与作者漂泊流徙无定的感伤。

首、颔联描写了元末兵乱时五里塘破败冷清的场景，作者截取几个代表性的意象：几间破屋的小市，五里塘里的小船，落日浮于寒冷的波涛上，饥饿的雀鸟聚集在枯萎的桑树上。一片残破冷落的景色，让人意绪忙乱，不禁悲从中来。颈联转承前两联作结：乾坤笼罩着不祥之气，兵乱还会延续很长时间。尾联写出自己漂泊在外无依无靠的处境，以及一定要回到故乡的愿望。

此诗是诗人元末避兵僦杭时所作，其词多感伤。诗人一是感叹五里塘的破败景象；一是感叹战乱长久，结束无期；一是感叹漂泊无依，故乡难回。诗境悲惋，不胜愁绝。诗风沉郁顿挫，感慨悲凉，读来愁怨盈胸，不胜唏嘘。

泛舟五里塘

杭世骏

支河绕郭路非遐[①]，五里沿回细桨划。
叠嶂渐青云自白，小桃未绽菜先花。
颓阳破寺春尘暗，野水荒陂小彴斜[②]。
不见市帘桃柳外，倾壶仍苦酒难赊。

作者简介：

杭世骏（1695—1773），字大宗，号堇浦，别号智光居士、秦亭老民等，仁和（今杭州）人，清代文人、画家。清雍正二年（1724）举人，乾隆元年（1736）举博学鸿词科，授编修，官御史。乾隆八年（1743）因上疏言事，遭帝诘问，革职后以奉养老母和攻读著述为事。乾隆十六年（1751）得以平反，官复原职。晚年主讲广东粤秀和江苏扬州两书院。其工书画，善写梅竹、山水小品，疏澹有逸致。生平勤力学术，著述颇丰。著有《道古堂集》《榕桂堂集》等。

注释：

①遐：远。

②小彴（zhuó）：独木小桥。

赏析：

这首诗描绘美丽春景，充满快乐的情绪，整首诗明丽流畅。五里塘是杭州城外支河。诗人在春天里的五里塘上泛舟，沿河风光秀丽，景色宜人，重叠的山峰青翠，天上的白云悠游飘荡，桃花含苞待放，菜花早已吐艳争芳，令人喜不自胜。不知不觉间夕阳西下，残阳照射在一座残破的寺庙上，略显灰暗，荒野的小河、水塘以及横斜的小小独木桥，有未尽之意。然而船上一壶美酒自斟自饮，也喝得差不多了，怎奈一路不见酒肆，余沥无多，又很难再去赊酒。说是苦事，诗人的风趣洒脱已溢于纸上。

五里塘

翟　灏

猪坊鸭舍短长桥①，暂出江乡路不遥。
记得往年曾借问，白荷花外小停桡②。

作者简介：

翟灏，字大川，号晴江，清代学者，仁和县（今杭州）临江乡甘棠村人。乾隆十九年（1754）进士，官金华、衢州府学教授，擅长写诗，精于考证。著有《湖山便览》《四书考异》《尔雅补郭》《艮山杂志》等。

注释：

①猪坊鸭舍：指朱芳桥、岳帅桥。

②桡：船。小停桡：稍作停靠的小船。

赏析：

这首诗笔调清淡、画面素净，很是迷人，不仅是一首妙趣横生的诗，而且还是一幅赏心悦目的画。

首句“猪坊鸭舍短长桥”与马致远的“小桥流水人家”，有异曲同工之妙，其意淳朴、本真。“暂出江乡路不遥”，这样的生活并非偏僻，难以寻觅，却随兴可至。第三句，时空挪移，从现在回到往昔，曾经询问五里塘在何处，答道：“白荷花外小停桡。”荷花是什么颜色？答曰：白色。妙哉！这个“白”字既是诗人的回忆，又是一、二句眼前景色的呼应，两个时空交织，共同勾勒出了五里塘的别样景致。

全诗虽然是诗人因眼前景致的感触而回忆到往昔，但是诗人的心情舒畅，否则岂能以如此朴素无华的语言写出这耐人寻味的诗呢？

冬日同樊榭、竹田东郊闲泛

梁启心

风时村郭共幽探，人比闲鸥喜得三。
耽寂恰逢殊胜寺①，倦行又过偶留庵。
扁舟茶灶寒初试②，小市河桥日半含。
岁晚关心惟菜把，旧曾学圃尚能谙③。

作者简介：

梁启心（1695—1758），清杭州人，初名诗南，字首存，一字蔎林。早年与弟梁诗正自相师友，乾隆四年（1739）进士，授编修。乞归，与厉鹗等结社唱和。晚年，诗社同人均已去世，唯与杭世骏等数人为友。有《南香草堂诗集》。

注释：

①耽寂：好静。

②扁舟：小船。

③学圃：学种蔬菜。《论语·子路》：“〔樊迟〕请学为圃，子曰：‘吾不如老圃。’”朱熹集注：“种蔬菜曰圃。”

赏析：

这首诗以泛舟东郊结构全篇。

首联即交代诗人偕同樊榭、竹田等三人，乘一叶小舟到野外的村庄探幽寻胜，三人自比闲鸥，很是快乐。颔联是此情景的具体描述：好静恰恰遇上殊胜古寺，倦行时又经过偶然逗留过的庵堂。步步有景，步步出乎意料，与诗题“闲泛”相呼应。颈联，一写行舟茶事，二写河桥晚景，表现了浓浓的文人情怀。尾联描写朋友们以蔬菜为话题中心，对那些认得的蔬菜一一说出名字来，诗人意在表现自身关心国家社稷，然而诗句本身传达出的却是一种文人情趣。

整首诗抒写文人率性与闲适，尾联又带几分矫情，但是诗人的心情又是何等的快乐。

鹭鸶滩

鹭鸶滩，在杭州艮山门外河西。

鹭鸶滩

王修玉

鹭鸶滩上棹扁舟，薄雾朝晖暗戍楼[①]。
千亩青黄临渡口[②]，一峰苍翠出城头。
天寒鸿雁排云远，水落鲦鱼上石游。
欲就芦中问渔夫，钓竿县处忽惊鸥[③]。

作者简介：

王修玉，字倩修，清初人。著作甚富，尤工于诗。

注释：

①戍楼：驻军的瞭望楼。

②青黄：指秋天草木的色彩。

③县：通“悬”，悬挂。

赏析：

清晨，小船安静地停靠在鹭鸶滩上，不远处驻军的瞭望楼在薄雾笼罩下若隐若现。诗人之眼由鹭鸶滩慢慢转向不远处的瞭望楼。接着，诗人又把眼光对准了渡口旁那一望无际的青黄草木，并且眺望更远处，一座苍翠葱茏的山只是稍稍高出了城头。“出”字写得颇有意思，山高在诗人的眼中却只是比城头稍稍高一点，城与山之间欲语还羞的脉脉情怀被表现得淋漓尽致。

颈联，鸿雁与鲦鱼形成了一种融洽的氛围，一个天上飞，一个水中游，都是自然的造化。它们在属于自己的天地里悠游，诗人之眼从天上回转到眼前的流水，表达了对田园生活的向往。

尾联，一个“问”字！诗人想问什么，似乎无从猜测，也许诗人只是想发表点感叹。哪知，他这一声问，惊起了芦苇中休憩的沙鸥。幽静中滋生了闹趣，一切尽在不语中。

这首诗描绘了充满野趣、情趣的鹭鸶滩景色，诗人由近及远，又从远至近，表达了对淳朴自然生活的向往之情。

泛洋湖

泛洋湖，位于今杭州市密渡桥与施家桥之间的朝晖地区。隋唐时期与城内白洋湖（即南湖，在今水星阁附近）相连。到南宋临安定都筑城才分成两个湖，今已湮没。

姚思勤《东河棹歌》载："《淳祐志》：泛洋湖，在仁和县之北天宗门外，一名陷羊。嘉靖《志》：泛洋湖，在猪圈坝下，受城中诸河水，通上塘运河。正德间，湖畔居民启土出一大船，乃是泛海之舟，规制甚异。由是观之，是湖在昔日，犹海水所溢也。《仁和县志》：杭城水道惟东运河最为深广。南自钱塘界来，流至横河复出，直达坝子桥河，出艮山水门，与城外河合。"

北郭春泛

邱　峻

背郭清流即泛洋①，暖风吹送往来航。
渐开图画村村景，云水空濛第一乡。

作者简介：

邱峻，清人，生平不详。著有《画墁集》。

注释：

①背郭：指城北。泛洋：泛洋湖。

赏析：

这首诗题为"北郭春泛"，实写泛洋湖余波，具有史料价值。

起笔即写了泛洋湖的位置是在杭州城北，春天里暖风依然吹送着往来的航船。接着写泛舟湖上，两岸像渐渐打开的美丽风景画一样，展现在眼前的是一个村落一个村落散布的景致。云影水色，迷蒙空阔，让人生发"第一乡"的感慨。传说中，泛洋湖与清湖河、小河、沙河、菜市河等皆相通，也非无稽之谈。

诗人在春泛的时候，心情愉悦、欢快。诗歌正是诗人愉快感受的表达，也是泛洋湖景的精确概括。

东河棹歌（选一）

姚思勤

源头活水自南来，散作玻璃万顷堆。
门外泛洋湖最近，乘槎相约弄潮回[1]。

注释：

①槎（chá）：木筏，同“茬”。

赏析：

活水源头是从南边来的，河水经过，如万顷玻璃堆在一起，熠熠生辉。“我”家门外就是泛洋湖，每有兴致就约友人一起乘着木筏出去，在潮水中嬉戏游玩，待兴尽而回。这是何等有雅兴啊！

施家桥

施家桥，一名上堰桥，泄泛洋湖水，由五里塘出东新关，合上塘大河。

东河棹歌（选一）

姚思勤

施家桥畔侬家住，不隔河流只隔城。
日暮苍茫动鱼钥[1]，一重门锁万重情。

注释：

①鱼钥：鱼形的锁，可启闭门关。

赏析：

这是一首情诗。爱慕之人住在施家桥畔，彼此相隔的不是河流而是城楼。诗人用“侬”字，倍显亲切。最后两句道出了诗人的情深。夜幕降临，城门关了，但是一道锁只能锁住一扇门，却锁不住“我”对你的万重情意。诗人浓浓的爱意表露无遗。

城东归舟

汪 沆

三杯卯酒解船行①，攲枕篷窗梦未成②。
猎猎忽惊鱼簖过③，施家桥转见高城。

注释：

①卯酒：早晨喝的酒。

②攲：通“敧”，倾斜。

③鱼簖：插在水里，阻挡鱼类，以便捕捉的竹栅栏。

赏析：

“三杯卯酒解船行”句，写诗人一早喝下三杯酒，解开缆绳乘船出行，表现出其悠闲自在的心态。他本来打算在船上睡上一觉，结果却“梦未成”。这是为什么呢？原来是“猎猎忽惊鱼簖过”，河流中有一道道捕鱼的竹栅栏，船穿过竹栅栏时与船底发出猎猎的响声，惊醒斜靠船窗将睡未睡人。让诗人兴奋不已的并不在这儿，而是船转过施家桥，赫然就发现了面前高矗的城墙。原来是桥横卧在水上，暂时挡住了诗人的视野。这种视觉冲击显然是很强的。

此诗语言平实，却能将这种微妙的心理变化表达出来，体现出了诗人较高的文学艺术修养。诗人更巧妙地利用桥与城楼在建制上参差高下造成的视觉差异，给人以意想不到的审美感受。

施家桥独行看桃

翟 涛

闭户先生引步难，独游风味太清寒。
不争粉蝶先时赏，为有林泉借客看。
春色过桥连水阔，好山围眼放花宽。
胸中粉本天然格①，随意经行悉丽观②。

作者简介：

翟涛，清朝人。著有《钱江存稿》。

注释：

①粉本：画稿。

②悉：全，尽。

赏析：

这首诗以“独游”经营全篇，以过桥前“清寒”的感觉，反衬过桥后看到桃花盛开时节施家桥周围的美丽风光，由寒入暖，美景渲染更胜一筹。

清代杭州的施家桥是观赏桃花的胜地，千树万树桃花开，引来游人无数。

首联以诙谐幽默的语调，自我调侃是个“闭户先生”，平日较少出门，因为独自游览太冷清。颔联中，他又给自己的出门寻找一个理由：自己来了不是为了与粉蝶争先赏花，而是因为还有林木和泉石可看。颈联是所见春色的描述。走过施家桥，连着水面的春色开阔地呈现在诗人的面前，满目青山，桃林花海，也都在诗人的眼里。

于是尾联遂发出“胸中粉本天然格，随意经行悉丽观”的感慨。他最欣赏的景色是天然格调的自然风光，随意行走中皆是美丽的风景。

施家桥桃花

徐　堂

万树桃开处，行偕鸥鹭群。
石桥通绮陌[①]，茆屋锁红云。
景好惟三月，春过已二分。
只愁风雨恶，溪畔落纷纷。

作者简介：

徐堂（1725—1771），字纪南，号秋竹、南徐，仁和（今杭州）人。著有《藉豁古堂诗》。

注释：

①绮陌：指风景美丽的郊野道路。

赏析：

这首诗是诗人游赏施家桥桃花时的所见所想所感，以“赏花”“惜春”为主线，由景入情，层次分明。

在春光明媚的日子里，千万棵桃树一起开放，成群结队的鸥鹭栖宿于水上，或游嬉，或腾跃，一派大好风光，令人心旷神怡。诗人穿过石桥，顺着小路前行，一路茅屋错落，四周桃林花海，美丽而自然天成。诗人大爱这样的景色，说“茆屋锁红云”，“锁”字奇绝新颖，将茅草房拟人化。正因为桃花的娇红艳丽，连茅草房也想将这一美丽锁住。这里景色最好的是一年中的三月份，但是这时春天早已过了两分，寄寓了诗人对时光流逝难以挽留的感慨。尾联说这样的风景最怕的是风吹雨打，河边落红无数。这是诗人的惆怅与担忧。

诗中，诗人虽然有对美丽春景的留恋和赞赏，但同时也有对春景易逝、无法停滞时间的惋惜。此时，我们唯有珍惜再珍惜了。

会安坝

会安坝，位于上塘河最东端。丁丙《三塘渔唱集》卷上载：“康熙《仁和志》：上塘河旧名运河，一名夹官河。西自德胜桥，东抵长安坝，南通外沙等河，东经赤岸等河。两岸田何止千顷。天顺间，知杭州府胡公濬，以父老郎暹言，与知县周博亲自计度，近河民田多寡，起夫开浚。仍修笕堰、闸坝，以时启闭，使不盈涸。说者以为其地视下塘高约二丈，开垦未深，不能多蓄霖雨，经旬易至漏泄。一遇天旱水竭，附近农夫尽为束手，遂至田禾枯槁，谷粒不收。若能规久远于农隙水涸时，督令近河两岸人家计里开浚，并各滨港一体致功，深可蓄水，值旱可转水利，亦溥矣。顾祖禹《读史方舆纪要》：艮山门外有会安坝，洪武初置以潴上河之水。”

三塘渔唱集（选一）

丁　丙

摇出东河第一桥，棹歌声里雨潇潇。
会安坝隔沙河岸，日近长安望不遥[1]。

注释：

①长安：借指南宋行都杭州。

赏析：

一、二句诗用视觉和听觉概括出江南水乡图景，却引发了读者无限的想象，渲染出满纸烟雨。言简意赅，却极富情思。诗人乘着舟，悠闲地摇出东河第一座桥。起笔一“摇”字，为这桥这水织出了无边无际的想象力。行船的歌声，曼妙动听，天空又漫漫烟雨。一派江南的水乡生活，在文人的笔墨中变得精致而高雅，江南烟雨图也在眼前栩栩如生。

“会安坝隔沙河岸”，说明了会安坝和沙河岸的地理关系。诗人却将它与似真如梦、空濛无际的江南烟雨拉近了焦点，开始出现了几分真实，自然而然地牵出了“日近长安望不遥”。结句暗示着文人对功名的渴求，也表现了诗人对当今政治清明的赞扬。

诗人精巧的构思和深婉的用意，融化在一片婉约幽雅的意境之中，余韵无穷。加上蒙蒙烟雨、如画江南，展现出了诗人优雅的文人情怀。

续东河棹歌（选一）

丁　丙

会安坝溢水滔滔，泛入河沿浸市梢。
一片黄流随碧鲤，上江昨夜起潜蛟。

注释：

《续东河棹歌》：“上江起蛟泛洪，江水溢塘，每自会安坝进清泰、艮山两水门，则河水皆黄矣。”

赏析：

本诗描绘了东河洪水大发时的场景，以“潜蛟”比作一夜上涨的河水，形象生动。“黄流”与“碧鲤”的色彩对比，给整个画面添加了轻盈灵动之感。诗歌韵律和谐，语句虽平淡，但诗味醇厚，将平常的河水泛洪描写得诗意盎然，美感透彻。

沙河塘

南乡子·和杨元素[①]，时移守密州

苏　轼

东武望余杭。云海天涯两杳茫。何日功成名遂了，还乡。醉笑陪

公三万场。　　不用诉离觞。痛饮从来别有肠。今夜送归灯火冷，河塘。堕泪羊公却姓杨[2]。

注释：

①杨元素：名绘，北宋熙宁七年（1074）七月任杭州知州。

②堕泪羊公：晋代荆州都督羊祜，有政声。其后，百姓在岘山建庙立碑纪念他，看碑的人无不流泪，杜预因称“堕泪碑”，这里以杨绘比羊祜。

赏析：

词写于北宋熙宁七年（1074）九月，当时苏轼任杭州通判已有四年，将调任密州知府，此词于时任杭州知州的杨元素为他饯别时所作。词中描写词人与杨元素的离别之情。开怀畅饮从来都是有原因的，今夜沙河塘灯火通明，与君别离后就剩孤寂，词句紧扣离别，描绘了词人与好友的深厚友谊。

虞美人·有美堂赠述古[1]

苏　轼

湖山信是东南美，一望弥千里。使君能得几回来？便使樽前醉倒更徘徊。　　沙河塘里灯初上，水调谁家唱？夜阑风静欲归时，惟有一江明月碧琉璃。

注释：

①有美堂：在吴山上，前可眺钱塘江，后望西湖，沙河塘正出其下。述古：陈襄，字述古。

赏析：

此词作于熙宁七年（1074）七月苏轼任杭州通判时。时杭州太守陈襄调任，即将离杭，宴请僚佐于杭州城中吴山上有美堂。应陈襄之请，苏轼即席写下了本词。词中以白描取胜，紧扣有美堂居高临下的特点，把景物和情思交织起来，既描绘出杭州形胜的美好景色，又充分表现了陈襄留恋钱塘之意和僚佐们的友情。上阕揽景兴怀，下阕写有美堂上所观夜景。

上阕前两句极写有美堂的形胜，即湖山满眼、一望千里的壮观。此二句从远处着想，大处落墨，境界阔大，气派不凡。

“使君能得几回来？便使樽前醉倒更徘徊”，这两句反映了词人此时此刻的心情：使君此去，何时方能重来？何时方能置酒高会？他的惜别深情是由于他们志同道合。据《宋史·陈襄传》载，陈襄因批评王安石和“论青苗法不便”，被贬出知陈州、杭州。然而他不以迁谪为意，“平居存心以讲求民间利病为急”。而苏轼亦因同样的原因离开朝廷到杭州，他自言“政虽无术，心则在民”。在他们共事的两年多中，能协调一致，组织治蝗，赈济饥民，浚治钱塘六井，奖掖文学后进。在他们力所能及的范围内，确实做了不少有益于人民的事。如今即将天隔南北，心情岂能平静？

下阕描写华灯初上时杭州的繁华景象，由江上传来的流行曲调而想到杜牧的《扬州》诗，并把它与杭州景物联系起来。想当年，隋炀帝于开汴河时令制此曲，制者取材于河工之劳歌，因而声韵悲切。传至唐代，唐玄宗听后伤时悼往，凄然泣下。而杜牧在他著名的《扬州》诗中写道：“谁家唱水调，明月满扬州。”直到宋代，此曲仍风行民间。这种悲歌，此时更增添离怀别思。离思是一种抽象的思绪，能感觉到，却看不见，摸不着，对它本身作具体描摹很困难。词人借助灯火和悲歌，既写出环境，又写出心境，极见功力之深。

结尾两句，词人借“碧琉璃”喻指江水的碧绿清澈，生动形象地形容了有美堂前水月交辉、碧光如镜的夜景。走笔至此，词人的感情同满江明月、万顷碧光凝成一片，仿佛暂时忘掉了适才的宴饮和世间的纷扰，进入人与自然融为一体的美妙境界。这里，明澈如镜、温婉静谧的江月，象征友人为人高洁耿介，也象征他们友情的纯洁深挚。

此词以美的意象，给人以极高的艺术享受。词中美好蕴藉的意象，是作者的感情与外界景物发生交流而形成的，是词人自我情感的象征。那千里湖山，那一江明月，是作者心灵深处缕缕情思的闪现。

鹧鸪天·正月十一日观灯

姜　夔

巷陌风光纵赏时，笼纱未出马先嘶。白头居士无呵殿[①]，只有乘肩小女随。　　花满市，月侵衣，少年情事老来悲。沙河塘上春寒浅，看了游人缓缓归。

作者简介：

姜夔（约1155—1209），字尧章，号白石道人，饶州鄱阳（今属江西）人，宋代音乐家、词人。其精通音律，作词格律严密，素以空灵含蓄著称。著有《白石道人歌曲》。

注释：

①白头居士：指作者自己。无呵殿：身边没有吆喝开道的人。

赏析：

这首词作于宋宁宗庆元三年（1197）。起首两句先描述临安元宵节前预赏花灯的盛况。这一天大街小巷张灯结彩，士庶熙熙攘攘，纵情游赏。“笼纱未出马先嘶”一句，写当时王孙公子赏灯情景，非常符合历史真实。词人从侧面着笔，写出一个典型的细节，故能先声夺人，造成一种无形的美感。但在这热闹的景象中，作者触景生情想起了年少时候一段深沉的情感，如辛弃疾诗中吟咏：“众里寻他千百度。蓦然回首，那人却在灯火阑珊处。”当年元宵节与恋人相会的情景历历在目，但如今的情感真叫那“人面不知何处去”，不由得悲从中来，心绪低落。结句写到沙河塘的夜色渐深，春寒袭人，游人逐渐归去的景象。沙河塘，在钱塘县（今杭州）南五里处，苏轼《虞美人》词云：“沙河塘里灯初上，水调谁家唱？”作者怀着怅然的心情随夜色漫步回家。

调寄醉桃源·赠卢长笛

吴文英

沙河塘上旧游嬉，卢郎年少时。一声长笛月中吹，和云和雁飞。
惊物换，叹星移，相看两鬓丝。断肠吴苑草凄凄，倚楼人未归。

作者简介：

吴文英（约1212—1272），字君特，号梦窗，晚年又号觉翁，四明（今宁波）人。与贾似道友善，一生未第，游幕终身，《宋史》无传。其于苏、杭、越三地居留最久，并以苏州为中心，北上到过淮安、镇江，苏杭道中又历经吴江垂虹亭、无锡惠山等地。游踪所至，每有题咏。晚年一度客居越州，先后为浙东安抚使吴潜及嗣荣王赵与芮门下客。有《梦窗词集》一部，存词三百四十余首，其词作数量丰沃，风格雅致，多酬答、伤时与忆悼之作。

在中国词史中，吴文英是一个引起过不少争论的人。他的词一向被人称为晦涩堆垛。南宋词人张炎便曾说吴文英的词“如七宝楼台，眩人眼目。碎拆下来，不成片断”。另外一些人对他却备极推崇。清代学者周济在《宋四家词选目录序论》中便曾说“梦窗（即吴文英）奇思壮采，腾天潜渊，反南宋之清，为北宋之秾挚”，又说他“运意深远，用笔幽邃，炼字炼句，迥不犹人。貌观之雕缋满眼，而实有灵气行乎其间”。客观地讲，吴文英的词善用典故，体物入微，遣词清丽，实为难得。

赏析：

词的上阕，忆写旧游沙河塘上的情景。当时卢郎还年少，一声长笛在月下吹奏，曲调轻快若“和云和雁飞”。词人从简单的生活中截取了一个既真又幻的横断面，把年少不知愁滋味的美好时光刻写得极其微妙，直接触及到心灵深处，乍看起来似意随言尽，反复咀嚼则别有感慨。

下阕一转，由年少怀想转入现实记述。斗转星移、物是人非，直接点明时间的变化之快。少年已然变成了白发老叟。“相看两鬓丝”，寥寥五字，真是意蕴言中，韵流弦外。而如今吴苑草长凄凄，两人相见也伤心断肠。倚楼远眺的人盼望我们回去，可是我们还未归。词人在感叹时光流逝的无奈，又有思乡不能归的感伤。韵味浓醇，思致渺远。

初至行在[①]

王庭珪

望中楼阁入青冥[②]，疑是长安旧帝城。
十里荷花开世界，几年羁旅忆神京[③]。
老随丹诏身犹健[④]，梦入华胥眼尚生[⑤]。
行尽沙河塘上路，夜深灯火识升平。

作者简介：

王庭珪（1079—1171），字民瞻，自号泸溪老人、泸溪真逸，吉州安福（今属江西）人。宋政和八年（1118）登进士第，调茶陵丞，与上官不合，弃官隐居泸溪，因以自号。绍兴中，胡铨请斩秦桧，谪新州，独庭珪以诗送行，有“痴儿不了公家事，男子须为天下奇”句，因讪谤，流夜郎（一作岭南）。绍兴十九年（1149）六月，勒停，送辰州（今属湖南湘西自治州、怀化地区）编管。秦桧死，许自便。孝宗时，召对内殿，赐国子监主簿。乾道六年（1170），复除直敷文阁。为诗雄浑，著有《泸溪集》。

注释：

①行在：即行在所，皇帝所在的地方，本指京都。后泛指皇帝所到之处，这里指南宋都城临安。

②青冥：青苍高远的天空。

③神京：指开封汴京。

④丹诏：皇帝的诏书。

⑤华胥：神话传说中的国名。

赏析：

此诗是诗人应宋孝宗第一次召见，到都城临安时作。这首诗以平实朴素的笔调，描写了诗人初次到临安的所见所闻与感受。诗人的心情是欢快而热烈的。

诗人初到临安，一眼望去皆是一派大都城气象，楼阁高耸入云霄，虽是夸张之说，但可见诗人对旧都的怀念。因为在诗人看来这里的建筑式样与汴京相差无几，恍惚中似乎回到了旧都。西湖十里荷花盛开，生机盎然，欣赏之余，诗人不禁联想到数年来漂泊在外却一直心挂京都。前四句中，临安景色与身世情怀相应，写出了诗人对故国旧土浓烈的追忆之思。

接着诗人讲述自己虽然年老，但皇帝下诏召见，来到临安，也没有拖垮自己的身体。进得城来，恍若隔世，看到许许多多的东西很新鲜，如同黄帝梦游华胥国一样。此处用黄帝梦游华胥国之典，表露出了诗人面对眼前欣欣向荣的都城而生就的欢快情绪。这种情绪在最后一联延宕开来，诗人游兴甚浓，把沙河塘一带闹市走了个遍，那一带笙歌处处、灯火通明，让作者体会到一片歌舞升平的景象。

横塘市

横塘市，在艮山门外东北十二里。这里居民饶庶，土物汇聚，俗有“小金陵”之称。明洪武十四年（1381），设有横塘、临平税课局。

寄横塘祥尊师

张　昱

觅船直欲横塘去，船去横塘为访谁。
白首正惭元度老[①]，碧云曾与惠休期[②]。
山林此日多高士，风雨联床可论诗。

入社既能容载酒，陶潜无复更攒眉。

作者简介：

张昱（约1330年前后在世），字光弼，自号一笑居士，别号可闲老人，庐陵人。生卒年不详。元末，左丞杨旺扎勒（亦作杨完者）镇江浙，为参谋军府事，迁左右司员外郎，行枢密院判官。旺扎勒死，张昱弃官不出。明太祖征至京师，闵其老，曰："可闲矣。"厚赐遣归，因更号可闲老人，徜徉于西湖山水以终。昱诗学出于虞集，作风皆苍莽雄肆，有沉郁悲凉之概。有《可闲老人集》四卷。

注释：

①元度：张元度（生卒年不详），字济生，号济道人，又号北海，法号度禅师，山东（昌乐）人。工诗，善书，通佛理，尤精行草。书风"直逼晋唐，下逮宋元"；行草喜米芾"八面出锋，沉着痛快"之笔墨气象；又融半舫斋主邢侗，香光居士灵动潇洒之风韵。笔墨浸淫日见深厚，故其所写行草"骨力开张，气势夺人；风神苍古有润致，笔墨内含不让邢、董，艺术气格已臻大境"。

②惠休：汤惠休，南朝宋诗人，字茂远。生卒年不详。早年为僧，人称惠休上人。因善于写诗，被徐湛之赏识。孝武帝刘骏命其还俗，官至扬州从事史。钟嵘《诗品》作"齐惠休上人"，可能卒于南齐初。

赏析：

诗人兴之所至，便寻艘船去横塘。没有访期，也没有约定的对象。看江水一浪又一浪，令诗人想起过往的岁月。虽然现在年事已老，但也曾有着诗情喷发的过去。而今休老于西湖山水，可与众多高士论诗。有酒，有友，有诗，该是人生的一大乐事。

此诗中，诗人将闲归西湖后的满腔苍莽，寄寓在短短一趟赴横塘的路途中。整首诗没有强烈的情感，而是一种经历了风雨沧桑之后的平和与辽阔。在横塘饶庶的乡社生活中，再现了载酒论诗的悠游生活场景。

与侄自京还横塘故居

释德祥

桑麻田在水村中，千里归来共阿戎[①]。

春水野航天上下，石桥林木岸西东。

阶除点火儿童善，兄弟开门笑语同。
二载客尘如梦事，明朝溪上看飞鸿。

注释：

①阿戎：南朝宋刘义庆《世说新语·雅量》："王戎七岁，尝与诸小儿游。看道边李树多子折枝。诸儿竞走取之，唯戎不动。人问之，答曰：'树在道边而多子，此必苦李。'取之信然。"王戎遂为早慧的典型。后以"阿戎"称赞他人之子。

赏析：

水乡、桑麻地、石桥、河岸的林木……天气渐暖，草叶冒芽，乡间野趣横生。诗人携着疼爱的侄子从京城回到熟悉的故乡，看见故乡的春天依旧树木参差，生机勃勃。门口台阶上，一群稚气可爱的儿童还在玩着春节留下的爆竹，阔别已久的兄弟打开家门笑颜依旧。故乡的温和善坚，让诗人顿感在外的辗转奔波都如尘如梦。如今，且就着家乡的涓涓溪流，养精蓄锐，静等明朝的展翅高飞。

整首诗语言平实，意境开阔，洋溢着春日的融合氛围，将诗人两年客居京城，还乡后家乡的亲切感描摹得惟妙惟肖。儿童的"善"，兄弟的"同"，又在和美的风景之上，进一步描绘了故乡和睦温馨的风土人情。正是这种一直存在的温暖让诗人感叹客居他乡的如梦如幻，同时也让诗人更加坚定了信心。

夜泊长河

许　棐

黄帕贪程夜泊迟[①]，市楼灯火歇多时。
满怀风月无分付，却借渔翁短笛吹。

作者简介：

许棐（fěi），海盐人。嘉熙中，隐居不仕。有《献丑集》一卷、《梅屋诗稿》三卷、《梅屋诗馀》一卷。

注释：

①黄帕：盖着黄帕的骏马。古人以黄帕覆盖其马鞍以见其珍贵。

赏析：

诗人骑着骏马贪程赶路，可还是错过了进城投宿的时间。市中楼房，大多数都已经熄火歇息了。而诗人此刻满怀的风情无处表述，唯有借来渔翁的短笛来释放心中的情愫。诗中所述，诗人虽然错过投宿，但心情并没有受到影响。相反，诗人不仅没有为错过投宿所烦恼，反而借来短笛抒发内心的情事。全诗并无华丽的语句，也无太激烈的情感碰撞，读起来却清淡而颇可玩味。

横塘寻菊

陈之遴

菊候迟霜月[①]，林容肃野塘。
共携秋兴出，不觉昼怀长。
一径踏幽翠，数株霏静香。
重寻恐萧瑟，郑重把斜阳。

作者简介：

陈之遴（1605—1666），字彦升，号素庵，海宁盐官人。明崇祯十年（1637）以一甲二名进士（榜眼），授翰林院编修。善书、工诗，是明末清初著名的诗人，早年常和钱谦益等文坛领袖相唱和。他的妻子徐湘苹也是当时有名的女词人。

注释：

①霜月：指农历七月。

赏析：

秋至，林木渐渐凋零，菊花也终于开放。诗人与亲友一起趁兴而游，却不知不觉中发现一天将尽。一路上，闻着清幽的菊香，在凝翠的菊叶中穿行。秋日的萧肃和美好同在，让诗人不忍再来寻菊，怕再见时只剩凋残的菊瓣。同时诗人也生出珍视当下、郑重把握现时生活的感慨，即使是斜阳即将西下，也还有迟暮的静香。

诗人寻有形的“菊”，却邂逅了无形的“恐”。前三联交代了寻菊的起因、过程和结果，一个“迟”字将诗人闲适安逸的心境表达得淋漓尽致，而秋菊有着“幽”的景致、“静”的香氛。尾联则从简单的看菊升华到了对生命的感悟，将四季中的“秋”与人生的“秋”相融，表达了对盛景难留的珍惜。

横塘晚渡

张竞光

蹀足横塘对夕阳[①]，差参栖鸟噪垂杨。
数声短笛归南浦，几度疏钟出上方。
向晚那知流水急，临风但觉浣花香。
孤灯明灭村墟近，莫惜余光照路旁。

作者简介：

张竞光（约1681年前后在世），字觉庵，浙江杭州人。

注释：

①蹀足：踏足。

赏析：

傍晚时分，走到横塘边上，迎着夕阳，飞鸟唧喳着回到窝巢，让沿岸高低粗细的垂柳也有了生气。晚归的放牛娃吹着短笛，远方传来了寺塔暮鼓钟声。踏上扁舟，迎着春日暮风，划动船桨时才发现水流的湍急，才闻见沿岸迎春花的阵阵清香。落日已西沉，几点灯火，表示着村庄已经临近。村舍的余光散射出来，给晚归的行人照亮了回家的路。所以，不要怜惜那渗出来的余光，就让它们点亮归人的路吧。

整首诗围绕着“晚渡”，将短短归渡途中的所见所感分明表现出来。首联描述了作者抵达横塘岸边，夕阳中岸边鸟儿归巢的纷闹场景，参差的杨柳，更加增显了横塘的活力。颔联的“短笛”声、“疏钟”声，疏疏落落传来。“数”“几”量词的使用，犹如点睛之笔，传神地刻画出了春日傍晚乡村的安闲舒适。颈联则更从触觉和嗅觉方面，感受晚渡时的惬意。流水虽然湍急，但沿岸的花香让人不觉心旷神怡。尾联交代了晚渡的终点，原来是泛着温馨灯火的家。作者虽用“莫惜”的祈使语气，实际是对点着温馨灯火的村户的感谢。作者很好地抓住了晚渡途中的几个关键意象，向我们展示了一幅和睦温馨的春日暮归图卷，引人向往。

横塘杂诗

虞黄昊

（一）

散发到村市，霏微晚气奇[①]。

禽衔山果去，云入洞门迟。
隐隐旌旗动，茫茫竹树披。
空怀彼美念，凤鸟竟何之。

（二）

水壑殊幽渺，河流此地分。
芦中人不见，鸥鸟自相群。
草荡流晴雪，横塘带夕曛。
是间堪避世[2]，取次莫论文。

作者简介：

虞黄昊，生卒年不详，字景明，浙江石门人。清康熙五年（1666）举人，官临安教谕。他与陆圻、柴绍炳、沈谦、陈廷会、毛先舒、孙治、张丹、丁澎、吴百朋等九位诗人，结西泠诗社于湖上，号称“西泠十子”。

注释：

①霏微：雾气、细雨弥漫的样子。
②是：这里解释为“此”“又如”。

赏析：

两首描写横塘场景的杂诗，含蓄空灵，笔力凝练沉重，弥漫着一种失落与迷茫，在幽静淡泊之中，贯入悲壮苍劲之感。

第一首诗前两联描绘了丘陵地区暮色时分的宁谧安详景色，富于生活气息。颈联风格陡转，旌旗隐动、竹林茫茫的苍茫之感，反映了作者心中的郁结惆怅。

第二首诗则写河湖纵横的江南水乡，雪冬傍晚的壮丽景色，宛然如画，特别是“流”字，将晴雪的静与溪河的动描摹得生动尽致。诗歌以乐景衬哀情，将悲凉无奈的避世之心藏于壮丽萧凉的冬景之中，言近意远，引人发思。

横塘阻雨

汪　霜

急雨忽西下，狂飙散野阴[1]。
一溪添夕涨，万木发哀吟。
马倦迷归路，鸦飞失故林[2]。

几年湖海客，偏自放怀深。

作者简介：

汪霜，生平不详。

注释：

①狂飙散野阴：形容空中相聚的云被狂风吹散的样子。

②故林：形容本来的样子，这里借指故乡。

赏析：

诗人过横塘时，路遇大雨，写就此诗。

首联写了雨势之大之急，狂风怒作，未在人预料之内，环境描写给人以压抑的心理。那么风雨到底如何呢？颔联就给出了答案：一条溪经过一晚上的雨涨得很高，树林也发出悲壮的哀吟声。由此看来诗人当时的心境并不是很愉快。那原因是什么呢？原来是疲倦的马迷失了回家的路，寒鸦在从前栖息的树林里迷失了方向。此暗喻诗人多年没能回家，虽然有家，但是对家乡的概念已经模糊不清了。最后一联又调转笔锋，无奈之外流露出豁达。多年来诗人浪迹江湖，已经养成了对待任何事物都放宽心怀的习惯。

赠横塘李翁

吴应本

横塘一曲水云间，小隐何须更买山。
霜落独看黄菊艳，渚清常对白鸥闲[①]。
书从邺架时开展，酒向邻墙数往还。
闻道南枝初有信[②]，青鞋不惜踏孱颜[③]。

作者简介：

吴应本，生平不详。

注释：

①渚清：渚水清澈，渚水，古水名。

②南枝：指故土、故国。

③孱颜：形容人的衰老容貌。在这里指老路，作者与朋友李翁一同游赏横塘河

时留下的感触。

赏析：

诗人将一腔沉雄悲壮的情怀诉诸横塘优美秀丽、静谧悠闲的山水风光中。在饮酒品书中，缅怀故国，抒发至死尤坚的慷慨激昂。诗歌笔墨矜重，不加巧饰，尾联更是掷地作金石声，令人感慨。

泛舟横塘回文

张奕光

黄叶村乡几遍游，细香飘岸稻花秋。
茫茫水渚连云白，小艇横塘立鹭鸥。

作者简介：

张奕光，字东亭，又字兰佩，钱塘（今杭州）人。生平不详。

赏析：

这是清代文人张奕光的一首回文七言绝句，描写横塘瑰丽安闲的秋景：秋叶将乡村染成绚烂的黄色，稻花香绕着河流，江天一色，几只白鹭静立扁舟。倒读此诗，音韵、意境也同样优美和谐，文意通达，不失为一首优美的写景诗。

归自横塘

符　曾

浮石环溪水半篙，渌鳞鳞动散鱼苗①。
归来满地夕阳影，知了一声鸣柳梢。

作者简介：

符曾（1688—1760），字幼鲁，号药林，钱塘（今杭州）人，清代浙派著名代表诗人。其诗清丽，气韵尤高。

注释：

①渌（lù）：形容词，这里指清澈的意思。

赏析：

此诗记述了作者“归自横塘”时的所见之景：环绕着溪岸，看着露出水面的块石，撑动着竹篙。水波粼粼，小鱼儿散开又集结。停下船棹，踏上水岸，夕阳拉长着树影、人影，鸣蝉还在柳梢头偶尔聒叫着。从水中的鱼，到岸上的蝉，诗人于横塘的静景中，添入几许动景。从满地拉长的暗影中，注意力猛然一声被枝头的蝉鸣吸引，在夏日的傍晚，也不禁莞尔。语言灵动，韵律有致，夏日横塘野趣尽显。

秋日闲步新塘堰水次遂至横塘

王曾祥

秋思淡无豫，起行水木中。
水木发爽籁，远近交回风。
因之引兴长，遂以寻源穷。
桥痕宛相接，林影开复蒙。
不觉溪脉转，乃与津头通。
横塘名甚古，南北多花宫①。
昔游我未遍，今过谁与同？
迢迢闻经钟，思遇净名翁。

作者简介：

王曾祥（约1723年前后在世），字麐徵，仁和（今杭州）人。康熙末年诸生。常与厉鹗、金农诸人相唱和。著有《静变斋集》十卷。

注释：

①花宫：佛寺。

赏析：

本诗语言清丽，意境幽阔，醇雅恬淡，描绘了秋日新塘堰水沿岸的幽阔美景，并由物思人，抒发了思念友人之情。

题《晴江村居图》四首（之一）

汪　沆

我年裁总角，读书在横塘。

居民颇近古，村舍郁相望。
言念暮春候，高原动晴光。
禼(xiè)睍嗁好鸟[①]，沃若弄柔桑。
柴门当昼掩，雏燕飞低昂。
此时手一卷，白日到羲皇。

注释：

①禼睍（xiè xiàn）：鸟色美好或鸣声清圆。

赏析：

诗人从一幅《晴江村居图》的画轴中，想起年少求学时的故乡横塘。横塘民风古朴，村户彼此相邻可相望。暮春时节，暖阳普照，苏醒的鸟儿啁啾着曼妙的歌喉，肥泽的桑叶显得娇嫩无比。外出劳作的村民虚掩柴门，雏燕忙着衔泥筑窝。春日此景，最是读书研史的好时光，拿起一卷书，可以徜徉到天地之始、伏羲之初。

图卷呈现的江村晴和，虽没有指出实地，但是晴日江南村居大多相似，所以诗人脑海中立刻浮现了年少读书时的情状。诗歌通篇虽未提思乡一词，但对家乡之景的牵挂却紧紧跟随着诗人，即使在遥远的他乡，诗人也还记得家乡的一鸟一木。诗歌的借景抒情也在于此。

过横塘胡师张书斋题壁

汪　沆

丱角读书处[①]，依然旧草堂。
琴尊想遗迹，花木剩余香。
卜筑初心负，重来幽趣长。
还城三宿恋，生计羡耕桑。

注释：

①丱（guàn）：古代儿童束的上翘的两只角辫，借指年幼。

赏析：

诗人路过幼时读书的草堂，由物思己。草堂依旧，花木也还是当年的香气。读书时用心诚恳，并没有发现草堂的乐趣。如今在外奔波后重回此地，发现它的安宁志趣。为此，诗人不由感慨苦于生计的离乡生活，心生对田园清幽安适生活的向往。

赴东山约经横塘

翟 灏

良伴挈齐一苇杭[1]，陡门直下到横塘。
桑林接岸荫无暑，荷叶沾波翻有光。
旧苑已迷吴知阁，短桥竟过俞斋郎。
云山隐见一桁碧，想得此中迎鹤昂。

注释：

①挈（qiè）：提起。

赏析：

此诗语言清新自然，浑然天成。其中颔联精致工整，意境优美生动，横塘清新美丽的夏景跃然纸上。颈联则描绘了横塘丰厚的人文底蕴。横塘秀丽的自然风景加上成熟的文化氛围，给诗人留下了深刻的印象，也让横塘成为诗人心目中的“桃花源”。

横塘道中望半山作

释显鹏

桑柘空苍垒，不闻车马声。
烟随孤漳净，村与暮云平。
独往非无感，闲行亦有情。
斜阳兼远眺，清兴惜浮生[1]。

作者简介：

释显鹏，生平不详。

注释：

①清兴：清雅的兴致。

赏析：

这首诗是诗人路过横塘道远望半山之作。诗中描述的是途中的所见所想。桑树与柘树高大挺拔，排列紧密，直上苍空，像是高大的城墙一样。横塘道上没有车马经过，显得异常静谧。傍晚的烟气像漳水一样清澈干净，远望去，那村子竟与低悬的暮云一般高。一个“随”字把烟气之灵动写活了。诗人看到这样的情景，不是没有感触，他说闲适地行走亦生有别样的情怀。黄昏的太阳西垂，诗人在这里遥望着远处，这般清雅的兴致更应该来珍惜空虚无定的人生。

全诗描写情景交融，环境描写是为后面抒情做准备，而情感之抒发亦在环境描述中层层递进、渐次引出。看得出来，诗人在见到桑柘凌空、无车马喧、烟净村平之景时，心情是何等愉悦，虽然诗人的情感在诗中表现得并不强烈，只一个“情”和“清兴”，即表露无遗了。

上塘值清明

曹　勋

客路逢寒食[①]，划船闹水干。
娇云易得雨，暴冷不成寒。
白水连天去，繁桃触目看。
朝来有家信，稚子报平安。

作者简介：

曹勋（1098—1174），字功显，一字世绩，号松隐，颍昌阳翟（今河南禹县）人。北宋宣和五年（1123），以荫补承信郎，特命赴进士廷试，赐甲科。

注释：

①寒食：即寒食节，亦称“禁烟节”“冷节”“百五节”。每年四月四日，清明节的前一天。在这一日，禁烟火，只吃冷食，所以叫做“寒食节”。在后世的发展中，逐渐增加了祭扫、踏青、秋千、蹴鞠等风俗。寒食节前后绵延两千余年，曾被称为民间第一大祭日。不少文人墨客都写过关于寒食节的诗文。

赏析：

此诗以平实的语言描述了上塘清明节淳朴的风俗习惯，并以平安家信收尾，婉转传达了诗人的思家情怀。丰富的民间风俗活动引出诗人对自然生物的哲理性领悟，每年一祭的浓重氛围又让诗人不禁怀念家人。围绕清明的主题，从祭祀怀念到平安生活的期盼，也正是清明节的现实意义。

夜舟泊长河

吴龙翰

诗客行装少[①]，孤舟一叶轻。
寒鸦随日落，秋雁破霜鸣。
山色攒心事，江声咽世情。
故乡无百里，酤酒话归程。

作者简介：

吴龙翰（1229—？），字式贤，号古梅，歙县人，约宋度宗咸淳中前后在世。其诗清新有致，足耐咀吟。

注释：

①诗客：诗人。

赏析：

一叶孤舟上诗人载着少量的行装游泛在长河，夜幕已来临，只见寒鸦也随着日落归巢休息，秋雁还在破霜鸣叫。夜幕之下隐约的山色，貌似积攒着诗人的心事，江水之声也在哽咽世俗之情。诗人的心事是什么呢？尾联诗人说了，“故乡无百里”，但是船停在了长河上，诗人再说“酤酒话归程”。

诗人未能及时回家，心情有些许低落，但离故乡只百里，姑且喝酒说说路上的事，情感还是明亮的。此诗叙写流畅，不事藻绘，诗境平易，情真意实。

城东泛舟，同朱二守、张节推作

周　诗

严城霜入夜，荏苒岁华阑。
此日长濠泛，何殊曲水欢。
登场千稼稔，倚棹数枫丹[①]。
莫遣行杯缓，东来海气寒。

作者简介：

周诗，生平不详。

注释：

①枫丹：枫林秋晚的美景。

赏析：

从转眼的秋寒中，诗人感受到时光荏苒，生出盛景不常、珍惜俯仰人生的感慨。于是，便与友人泛舟河上，在舟中饮酒驱寒，畅叙幽情，而无需效仿王羲之列坐曲水，流觞畅饮。岁月无情流逝中，诗人凭船“数红枫”的广阔情致，很有魏晋遗风，但同时也透露着些许清初文人消极避世的心态。

从上塘归

金　张

窗开一面入山青，十五年来记此经。
不是避喧归计决，桃花忘记看皋亭。

作者简介：

金张，清康熙年间（1662—1722）塘栖人。

赏析：

作者以雄健之笔，叙述从上塘归来后的心中所感。前两句总揽空间、时间，意境开阔，气概不凡。结尾两句转笔直抒胸臆，叹息避世的无奈之举，流露出苍凉悲壮的心绪。

北郭舟中同丁敬身、汪西颢、王麟征作

厉　鹗

扁舟望皋亭，浅绛色渐分。
回顾稽留山，余雪粘空云。
乃知向背殊，诸峰若离群。
松阴结春霭，冷趣弥氛氲。
同游得三子，勇若张吾军[①]。

遥拜杜子恭，栖隐尊昔闻。
不测古人意，岂异今所云。
清言各未已，村钟殷微曛。

注释：

①张吾军：谓壮大自己的声势。《左传·桓公六年》："我张吾三军，而被吾甲兵，以武临之，彼则惧而协以谋我，故难间也。"唐韩愈《醉赠张秘书》诗："诗成使之写，亦足张吾军。"

赏析：

本诗用词凝练，清秀隽永，以特写手法，移步换景，细致刻画了初春林峦的冷翠氤氲，描绘了稽留山的幽妙静美，营造出别样的意境。同时运用张吾军、杜子恭典故，发思古幽情，表达了诗人宁静淡泊的出世情怀。全诗意境澄澈，山林的虚灵化、情致化，使之承载着诗人浓郁、清幽的情感。

土　桥

土桥在新坝之左，近庆春水门，外通沙河之流。

土桥纵步诗

汤尧文

径以城隅僻，人因静里过。
敲门遥问竹，扫石近侵莎。

作者简介：

汤尧文，号邻初道人，仁和（今杭州）人。明隆庆四年（1570）乡试中举，官赣州同知。

赏析：

本诗空明寂静，景中有情，情中有景，交融互渗而构成美妙诗境。诗歌把土桥的安静和竹石的隐逸描摹得真切，透露着微妙的禅意。幽静的小路，直通一片闲逸的修竹，石阶上的扫叶声似乎还在传来，生气远出，韵味缥缈。

东河龙舟词

陈春晓

（一）

才过插柳又悬蒲，竞渡端阳笑且呼。
今日东河真绚烂，销金不独是西湖。

（二）

东川西舫太居奇，待到来朝买已迟。
多少晓妆人出郭，篷窗红日乍临时。

作者简介：

陈春晓，字杏田，号觉庵，钱塘（今杭州）廪贡。生平奉母教弟，备尝辛苦。初依舅氏，移居城东新桥。著有《晚晴书屋诗》《钞觉庵续吟》。

赏析：

第一首诗，诗人从习俗说起，说明时间流逝之快。诗人眼里，才过了清明节，转眼间又到了端午节，端午节最热闹的莫过于龙舟竞渡了。你看东河上人们竞渡时笑声环绕、呼声震天。接下来，诗人把当日东河的景象与西湖作了比较。端午节这天，东河真是绚烂多彩，装点如此美丽，竞渡又如此热闹，花费一定很高，看来销金的地方不仅仅是西湖。

第二首诗，写东船西舫上的东西太稀奇了，如果等到明天来买就已经迟了。正因如此，多少晨起梳妆的美女出了城来。诗人最后一句描写颇有色彩，到底多少美女出城来呢？“篷窗红日”，打开船窗，红彤彤像旭日灿烂。尽言美女之多，也言美女之美。

两首诗写得并不是很出彩，但诗人对当时心情的描述也不无可取之处。

小　河

小河，宋时名市河，杭州人一般称作小河。在今中河西侧，今已湮塞。原河全长约4公里，南起中河新宫桥，沿河坊街西流一小段后北折，又沿今中山中路、中山北路东侧流至今体育场路，过天水桥，西流至今武林路，入浣纱河；其中在清远桥处，西折过观桥，沿凤起路南侧至武林路凤起路口，入浣纱河，长约0.8公里。

姚家店

姚家店，在城东郑家园后。于翁塔桥北桥岸，辏成小市。河道中渔舟骈集，入夜灯火交映，颇成胜瞩。

晚过姚家店

黄　槐

桥边水添三尺强，渔舟泊集宛成乡。
空罾挂月人何处①，入市将渔换酒尝。

作者简介：

黄槐，生平不详。

注释：

①空罾（zēng）：空的渔网。

赏析：

诗中描述是诗人晚上经过姚家店所见的情景。姚家店桥边的河水比平时涨高了三尺多，原来是许许多多的渔船停泊聚集在这里，宛如小市镇般热闹非凡。诗人所见，空空如也的渔网悬挂在月下，人却不知去往何处。经过询问，原来渔人们都到市集里去，拿着自己捕来的鱼换酒喝。

诗人没有花太多的笔墨描绘姚家店的繁荣，而是从“水添三尺”“渔舟成乡”一个侧面，描写了姚家店的繁荣景象。渔人们虽然非富非贵，但是通过自己的劳动换酒，自食其力也快乐非凡，好一派祥和的市井之景。

棚桥

棚桥，位于新安坊，跨杭州小河上，因近棚心寺得名。

王五检叔没十余年，今秋江君厚裁昆偶来寓，言及伊子前岁业已游庠，家贫益甚，感赋一诗，并柬王郎[①]

夏之盛

死别十年余，棚桥就罢沽。
几椽摧老屋，何处住遗孤。
汝幸书香继，家犹儋石无[②]。
那堪迟鹊起[③]，忘眼九京枯[④]。

作者简介：

夏之盛（1792—1842），字松如，钱塘（今杭州）人。诸生，屡困场屋。著有《留馀堂诗钞》。

注释：

①王五检叔：指王礼治，字检叔，钱塘（今杭州）人，因排行老五，故称。家贫，居棚桥，性嗜饮，为人豪爽不吝啬，精通金石书画赏鉴，与夏之盛、奚铁生、陈秋堂、周养浩等交游，常常边喝酒边品论古迹。生有一子。游庠：指明清时儒生经考试入府、州、县学为生员。

②儋（dàn）石：亦作“担石”，一石为石，两石为儋，用以计量谷物。常用来形容米粟不多。

③那堪：怎堪，怎能禁受。

④九京：九泉。

赏析：

这是一首悼念亡友的诗歌。

起笔直截了当地点明老友已去世十年多了。老友离世，再也不会去棚桥买酒。开头即见“十年生死两茫茫”的凄婉、悲痛，哀痛之感无力掩饰。只见老友的家如今剩下几间颓败老屋，这让遗孤住哪里呢？所见之景皆是萧瑟、凄凉。家徒四壁的景象，似乎将老友的痕迹全部抹杀了，幸好有儿子继承读书风气。此情此景，怎么能再禁受薄暮中的乌鹊惊起，恐怕老友也早已化作枯骨了吧。

全诗虽然只描写了诗人所见景象，但是基调悲凉，情真意切，让人伤怀不已，不忍卒读。

鹅鸭桥

鹅鸭桥，俗称清宁桥，旧名度生桥，跨小河上。宋有春风楼，谓北酒库。

大街晓行

黄　模

郭医门外绿成荫①，鹅鸭桥头晓市深。
知否夜来河水长，梓花和雨浸街心②。

作者简介：

黄模，字相圃，号书崖，钱塘（今杭州）人。清嘉庆五年（1800）拔贡。著有《花堂诗集》。

注释：

①郭医：指钱塘名医郭思贤。

②梓：木名，紫薇科，落叶乔木，花黄白色。

赏析：

黄模此诗写得意象生动，饶有生趣。全诗语言活泼，读来清新可人。

春天怎能少了雨水的浸润呢？诗中正是描述了这样的景色。郭思贤医馆门外绿色成荫，不远处，鹅鸭桥头的早市也早早人声鼎沸了。有了一夜春雨，河水也变得比原先盈满，而梓花和雨水相融在一起，从天空中落下浸润着街心，又是多么优美。诗里有绿，有市，有雨，有花。有雨，春天就精神了，但是怎能少了花儿的加盟呢？无花不是春。其实诗人所描绘的不仅是一幅美丽的江南春景，更是街市祥和的景致。

施将军庙

施将军庙，在众安桥，乃杭城百姓为纪念南宋义士施全而建。

施将军庙

袁　枚

一德格天阁正新[1]，一刀杀贼乃有人。
敷天冤愤仗谁雪[2]，殿前小校施将军。
将军炼心如炼铁，可惜荆轲疏剑术[3]。
事虽不了神鬼惊，悬头市上香三日。
当时元奸党满朝[4]，缚虎如羊气太娇。
忽然刀光狭路照，太师颈上风萧萧[5]。

小河　裘雪梅摄

呜呼！
三字狱[⑥]，两宫驾[⑦]，总在将军此刀下。
后代闻英风，尚且有兴者。
君不见，脑碎铜锥阿合马[⑧]。

作者简介：

袁枚（1716—1797），清代文学家，字子才，号简斋、随园老人，钱塘（今杭州）人。清乾隆四年（1739）进士，曾任江宁等地知县。三十三岁便辞官，后卜居南京小仓山，修筑随园，过了五十多年的清闲生活。袁枚活跃诗坛六十余年，存诗四千余首，是乾嘉时期的代表诗人和诗词评论家。论诗主张抒写性情，创“性灵”说。有《袁枚全集》。

注释：

①一德：指始终如一，永恒其德。《易·系辞下》：“恒以一德。”孔颖达疏：“恒能始终不移，是纯一其德也。”格天：感通上天。秦桧大起府第，宋高宗亲题“一德格天”四字，作为楼阁的匾额。

②敷天：普天。

③荆轲：这里把施全比作刺秦王的荆轲。疏：忽略。

④元奸：大奸。党：结党，相互勾结。

⑤太师：这里指秦桧。

⑥三字狱：指岳飞蒙受“莫须有”三字冤狱。

⑦两宫驾：宫驾，帝王的车驾。此处指被金兵掳往北方的徽、钦二帝。

⑧阿合马：元世祖大臣，善于理财，深得元世祖的宠信，因恃权不法，至元十九年（1282），被益都千户王著为首的汉人锥杀。

赏析：

诗人在诗中详述了施将军的事迹，以及施将军庙的由来。原来是皇帝为奸相秦桧题写“一德格天”阁名不久，居然有一小将施全出来在都城临安（今杭州）望仙桥刺杀他，不可谓不勇敢。只可惜剑术不佳，刺杀未成反被杀，不过秦桧也被吓得够呛。这事儿陆游在《老学庵笔记》这样说：“秦桧之当国，有殿司军人施全者，伺其入朝，持斩马刀，邀于望仙桥下斫之，断轿子一柱而不能伤，诛死。此后秦每出，辄以亲兵持梃卫之。初，斩全于市，观者甚众，中有一人诟言曰：‘此不了事汉，不斩何为。’闻者皆笑。”似乎百姓还麻木不仁。其实不然，事后很多人都敬佩他，怀念他，在众安桥建起施将军庙来纪念他。

袁枚诗中也表达了对施将军的敬重与赞叹，赞叹他“事虽不了神鬼惊”的浩浩正气和义胆忠肝。诗句长短相间，节奏迫促，一气呵成，读来有一种韵律感。

有玉桥

有玉桥，北对观桥街，南对众安桥街。

有玉桥贴榜

丁立诚

脱稿匆匆投卷捷，条例难宽蓝榜贴。
有玉桥头侵早来，幸无名姓榜上开。
问谁污墨谁曳白？场中人为门外客。
有命依然漏贴多，磨勘还防停一科[①]。

小河　裘雪梅摄

注释：

①磨勘：科举时代对乡、会试卷派翰林院儒臣等复核。清陶福履《常谈·磨勘》："唐开元二十五年，礼部侍郎姚亦奏请应试进士等唱第讫，其所试杂文及策送中书门下详复。此磨勘所由昉也。国朝康熙四十一年壬午科，始磨勘乡试朱墨卷。乾隆元年，户部侍郎李绂奏请增派翰、詹、科、道官磨勘。"

赏析：

这是一首咏史诗，写的是南宋宗学发榜的事。

宋有小学、大学，在学的都是皇亲国戚。嘉定九年（1216），改官学为宗学，凡皇室子弟，无论亲疏，皆修习课业。三年一试，如太学法。有玉桥位于小学前。

诗的首联写皇家子弟匆匆忙忙答卷交卷，即使有显赫的家庭背景，也要被上榜公布成绩。二、三联写皇室子弟忐忑不安地在有玉桥头早早等候发榜，但蓝榜未贴，姓名名次都未见，谁好谁赖，他们还不知道。尾联是议论，即使是有皇室子弟的特权，也可能漏贴；磨勘考核时，还要提防停一科。这里用典，指的是贾似道

小河　裘雪梅摄

时，为打击秀才，乘宋理宗皇帝晏驾，奏停是年科举，虽太学、武学、宗学三处秀才，恨入骨髓，也无可奈何。

祥符寺

祥符寺，即大中祥符寺，在祥符桥畔，位于小河附近。祥符寺历史悠久，据《咸淳临安志》记载："梁大同二年，邑人鲍侃舍宅为寺，旧名发心，唐贞观中改众善，神龙元年改中兴，三年改龙兴，本朝大中祥符初，改赐今额。"元至正末毁，明洪武初重建，现已不存。

晨诣祥符寺[①]

刘　基

上马鸡始鸣，入寺钟未歇。
草际起微风，林端淡斜月。
僧房湛幽寂，假寐待明发[②]。
松径断无人，经声在清樾[③]。

作者简介：

刘基（1311—1375），字伯温，谥文成，浙江青田人。元朝元统元年（1333）中进士，任高安县丞、江浙儒学副提举等职。至正二十年（1360），被朱元璋请到应天（今南京）任谋臣。明洪武三年（1370）被封为诚意伯。后遭小人诬陷，辞归故里，抑郁而终。精通政治、军事、天文、地理和文学，民间誉为"诸葛"。著有《郁离子》《覆瓿集》《写情集》《犁眉公集》《春秋明经》《百战奇略》《神机致理兵法心要》《火龙神器阵法》等。

注释：

①诣：前往。
②明：天明。
③樾：林木。

赏析：

此诗着意于描写寺内的静谧，表达了诗人在劳碌奔波中对清静的渴望。这一感情基调虽无新意，但自有妙味。

诗人立足于黎明前夕这一深有意味的时间段，“上马鸡始鸣，入寺钟未歇”，对周遭环境进行了描摹。“草际起微风，林端淡斜月”，笔调疏淡却不平淡，色调简洁却不呆板，感觉就像立于林间，新鲜的草木味不断被送入鼻尖，舒适悠然。“僧房湛幽寂，假寐待明发”，可以安心地假寐、休憩，烦躁、忧虑都等天明再说，虽然时间短暂，但人之心何其坦然和安逸！“松径断无人，经声在清樾”，松间无人，唯有读经声回绕在林木间。这是多么虔诚的心境啊！

百井坊

百井坊，今东起中山北路北段，西至延安路北段。

百井坊

张缵周

性天生五材[①]，水火为其主。
火从木燧钻[②]，水自泉源聚。
二者不偏废，水尤先六府[③]。
吾杭众所夸，西湖甲寰宇。
灌溉千顷田，水利畴与伍。
更有吴山泉[④]，山水时倾吐。
汩汩四面来，地下周而溥。
昔唐李邺侯[⑤]，六井开兹土。
小民疾苦除，持绠任挹取。
即此利济心，恩思遍万户。
休哉吴越王[⑥]，凿井泽愈普。
井有九十九，未能成仆数。
后人难名称，遂将成数举。
巍巍建宝坊[⑦]，高似宫墙树。
往来提汲人，到此相与语。
缅怀钱氏功，心感铭肺腑。
吁嗟井与坊，遗惠留千古。

小河　裘雪梅摄

作者简介：

张缵周，生平不详。

注释：

①五材：五种物质，指金、木、水、火、土。

②火从木燧钻：指钻燧取火。钻即火嫌，燧即火石，用火嫌与火石摩擦或撞击而取火，是传说中远古人们的取火方式。

③六府：指水、火、金、木、土、谷。其中水居首位。

④吴山泉：位于杭州吴山，泉水甘洌醇厚，与虎跑泉、龙井、玉泉、郭婆井并称为"杭州之圣水"。

⑤李邺侯：指唐代李泌（722—789），字长源。他担任杭州刺史时，为解杭人卤饮之苦，组织民工自涌金门至钱塘门分置水闸，掘地为沟，沟内砌石槽，石槽内安装竹管，引西湖水至城内各地，并置六个出水口，即西井、金牛池、方井、白龟池、小方井、相国井，俗称六井。现仅存相国井。

⑥吴越王：指钱镠（852—932），五代十国时吴越国的建立者。在位期间重视水利工程建设，如筑捍海石塘，置龙山、浙江两闸，以遏潮水倒灌。

在中北桥上看运河傍晚美景　赵辛摄

⑦建宝坊：取建造百井坊之意。宝坊是对百井坊的美称。

赏析：

这是一首歌颂百井坊的诗，语言浅显，接近市井白话，读来不晦涩难懂。

诗人的叙述仍有些科场应制文字的遗留痕迹，因为他起笔就先宣讲了关于五行中水的由来及其重要性，乃破题，接下来历数杭州水利发展的历史过程，有条不紊，主次分明，比较恰当地凸显了百井在这一过程中发挥出的重要作用，皆充分体现了诗人作此诗的殷切用意。

所谓喝水不忘挖井人，饮水思源，人们为百井立坊，其实是要纪念李泌、钱镠等重视水利建设、关心居民日常生活的良吏贤王。那么，最后的“吁嗟井与坊，遗惠留千古”，也就是人们赞颂那些为民造福的历史贤者的心声了。

天水桥

宋时有天水院桥，跨城北小河，元称岁寒桥，明以后改天水桥。今泛指体育场路与中山北路交叉一带。

归田八首（选一）

钱　琦

积岁频叨锡类恩①，
版舆今得奉晨昏②。
池开砚北窗临水③，

桥近梅东路似村。
有酒连宵邀弟妹，
采兰是处领儿孙[4]。
天教消受清闲福，
车马纷纷莫到门。

作者简介：

钱琦，字相人，晚号耕石老人，仁和（今杭州）人。清乾隆二年（1737）进士，官福建布政使，卒年八十二。归田后住在杭州天水院桥北的一亩田。著有《澄碧斋诗钞》。

注释：

①锡：赐予恩宠或财物。类：指善。《诗经》云："孝子不匮，永锡尔类。"

②版舆：一木制的轻便坐车。潘岳《闲居赋》："太夫人乃御版舆，升轻轩。"李善注："版舆，车名……一名步舆。"晨昏：晨昏定省的缩略语，谓朝夕慰问奉侍。

③砚北：桌几朝南，人坐砚北。指从事著作。宋张邦基《墨庄漫录》卷十引唐段成式书云："杯宴之余，常居砚北。"

④采兰：喻尽孝养亲。唐白居易《思归》诗："薄俸未及亲，别家已经时。冬积温席恋，春违采兰期。"是处：到处、处处。《南齐书·虞玩之传》："填街溢巷，是处皆然。"

赏析：

在诗中，诗人感谢皇帝在他多年仕宦生涯中经常赐恩给自己东西，今天更使得他有机会回家朝夕慰问奉侍亲人。他有三间自己修葺的藏书屋，有负郭的田地，闲来读书著述，写诗作赋。北有清清的池塘，南窗又临着小河，不远处桥近梅东（今杭州体育馆附近），路像村野中的道。有酒连夜邀集弟弟妹妹畅饮，尽孝养亲，含饴弄孙，尽享天伦之乐，真是天赐福分。作者显然对这样的清闲生活十分满意，所以才说"天教消受清闲福"，再也不想过那种车马盈门、人声喧闹的日子。

诗人在卸职归田后看清平平淡淡才是真潇洒，在诗中洋溢的是浓浓的亲情。除了前两句还有些"官腔"，可见多年仕宦生涯留下的烙印，后六句是大白话，写得自在随意，表达退隐后的快乐心情。

浣纱河

浣纱河，又名清湖河，全长3.7公里，西接西湖涌金闸，在今开元路、浣纱路口北折，沿今龙翔路、武林路西北方向流，至小车桥处北折，一直北流至武林门入运河。旧时，河水清清，沿河两岸遍植的杨柳、青石斑驳的河埠头以及水中小船，煞是可人，今已湮塞，风情难觅。

清湖春早

方　回

楼上春阴覆晓云，一河天净碧沄沄①。
雨宜不骤风宜细，闲倚阑干看水纹。

注释：

①沄沄（yún）：水流浩荡的样子。

赏析：

诗歌写的是宋元时期，诗人看到杭州清湖河春天的景象。春天来临，树木绿荫遮盖住小楼，春水碧绿，水流湍急而有味。此时，细雨绵绵不急骤，微风习习宜人爽，风光大好，诗人说闲适之时倚着栏杆看看水波的纹路，别有一番意思。诗人通过春阴、明河、细雨、水纹的细致描写，构成四幅美丽的图画，画中有诗，诗中有画，四幅又构成了一整幅江南风景画，简直是清丽脱俗，令人赏心悦目。

浣纱河边洗衣妇（老照片）

河道楹联古代部分

中　河

云烟湖寺家家境；灯火沙河夜夜春。

出自：

苏轼《次韵述古过周长官夜饮》。

中河花楼

冰铺湖水银为面；风卷汀沙玉作堆[①]。

出自：

白居易《花楼望雪命宴赋诗》。

注释：

①汀沙：汀上之沙。

赏析：

此联是诗人赏雪之作。上联“冰铺湖水”言湖水结了冰，仿佛就是冰铺上去的；“银为面”喻湖面之色如白银般光洁亮丽。下联言大风卷起水汀上的沙粒，与白雪一起舞动，落在地上就像白玉堆起来一样。

中河

中河

东　河

岸柳迎风弱；汀蒲战雨酣。

出自：

吴一桢《暮出艮山门口号》。

施家桥

春色过桥连水阔；好山围眼放花宽。

出自：

翟涛《施家桥独行看桃》。

石桥通绮陌；茆屋锁红云。

出自：

徐堂《施家桥桃花》。

近山烟雨迷春树；隔水渔樵入晚村。

出自：

沈峻曾《送韩仪京迁居河东村》。

赏析：

此联写春日里，青山笼罩在一片茫茫的烟雨水雾中，傍晚河对岸打渔砍柴的村民结束劳作，回到自己的村子。如此怡然自得，好一幅山村图画，让人好生羡慕。

东河

贴沙河

寒烟栖木末；活水啮城根。

出自：

符之恒《过故侍郎严公皋园》。

灯火明河岸；风花漾水纹。

出自：

孙骥《沙河》。

赏析：

此联描写了沙河的美丽之景，夜晚星星点点的灯火照得河岸明明亮亮，而春天里随风飘扬的落花也荡漾在水面，漂亮至极。

东新桥

地接新关，利普工农商贾；石侍古老，源通南北东西。

赏析：

东新桥，近东新关，此桥之用，有利“工农商贾”，也利航运，“源通南北东西”。古时此地繁华，与此桥联系必然紧密。

贴沙河

东新桥

贴沙河

清湖桥

清湖桥，位于八字桥西。

二水合流当户过；

一山分影入楼来。

出自：

陈起《题适安清湖寓居》。

天水桥

池开砚北窗临水①；

桥近梅东路似村。

出自：

钱琦《归田八首》。

注释：

①砚北：桌几朝南，人坐砚北。

山色攒心事；

江声咽世情。

出自：

吴龙翰《夜舟泊长河》。

白洋池

白洋池，今水星阁旁。

几家亭馆疏畦外；一角城闉落照中。

出自：

梁启心《城北泛舟看菜花》。

赏析：

此联是作者对城北景物的客观描写，也是作者看菜花之时的淡漠感喟。

入怀骤觉风声薄；出海偏惊月气浓。

出自：

厉鹗《南湖中元夜》。

赏析：

此联是作者在中元夜感受的真实写照，一种秋凉落寞之情油然而生。

清波庵

清波庵，在艮山门外。

短棹连塘入；门襟一水开。

出自：

景星杓《清波庵纳凉遇雨》。

赏析：

此联点出了清波庵的地理位置，即于河塘边上，正门对水而开。

北新关河

微风画艇逐鸥鹭；迟日扁舟采芰荷[①]。

出自：

翁宁文《北新泛鹢》。

注释：

①芰（jì）：古书上指菱。芰荷：指菱叶与荷叶。

赏析：

此联写出了北新关河的美丽景色和作者的兴致，不仅在微风习习之时乘“画艇逐鸥鹭”，也有春日里荡着小舟“采芰荷”。

沈塘湾

一棹烟波去；遥天雁字斜。

出自：

沈廷芳《隐拙斋集·沈塘湾》。

临平落瓜堰

此处一名落瓜堰；前程九里古棠栖[1]。

注释：

①棠栖：塘栖的别名。

赏析：

此联通俗易懂。上联开门见山，点明了地名——落瓜堰。这里有一段传说，据说当年造这座桥，总是无法合龙。有个仙人抛一个瓜过去，正好落在龙门石的位置上，桥便造成了。于是人们称这座桥为落瓜桥，地名为落瓜堰。下联写再往前走九里就到了棠栖这个地方。

古通济桥

一箭春水开明镜；两岸桃花夹彩虹。

赏析：

此联尽写人在桥上所看到的美景：上塘河如春水明镜，河两岸尽是桃花争艳，而彩虹正是古通济桥。此时此景此情让过往行人流连不已。

横河桥

汇东西中三河以通其利；成宋元明历代未竟之功。

赏析：

此联既写出了横河桥的由来，也说明了横河桥的作用。

流通北道千仓粟，约束南湖万顷波。

赏析：

此联把横河的功能交代得清清楚楚。以上二联参见丁丙《续东河棹歌》“古白洋池”注。

田家桥

毓秀钟灵，文运大开金粟界；赏心乐事，武林小现水晶宫。

赏析：

上联极言此地凝聚了天地间之灵气，孕育着优秀的人物，朝廷开科取士让更多的士子折桂登殿。下联极言心情之愉快和武林水环境之美丽。

南渡旧风光，荷送清香集鸥鹭；北门新水利，苔披幻影伏蛟龙。

赏析：

南边渡口的风光依旧，满塘荷叶迎风招展，荷香阵阵，成群的鸥鹭鸟掩映其中，自由自在。北门新修的水利沟渠，水清见底。此联对仗工整，生动细致地描绘了桥两侧的景色。南北相对，动静相宜，有颜色、有清香、有光影，还有此起彼伏的鸟鸣，人行其上，如入画中。以上二联参见丁丙《续东河棹歌》“古白洋池”注。

滨江长河

积善必有余庆；储德自求多福。

赏析：

上联出自《周易》：“积善之家，必有余庆。”意思说的是积累善行善德的人家，必然会有享受不完的喜庆。下联出自《诗经》：“永言配命，自求多福。”联意是说蕴蓄美德，自己会得到更多的福气。

河道诗词当代部分

余杭塘河

余杭塘河古称运粮河，又名官塘河，流经余杭镇、仓前镇、五常街道至杭州，汇入京杭大运河，全长19.8公里。余杭塘河历史上商船云集、航运发达，反映了以漕运文化为中心，并随其发展而来的治水文化、商贸文化乃至建筑文化，其发展过程是记载余杭历史变迁的重要组成部分。

余杭塘河

余杭塘河

吴亚卿

而今城貌焕然新，罗带清莹西子邻。
苏白堤东添翠色，垂杨夹岸鸟声频。

余杭塘河

钱之江

岸到汀葭尽，天从鹢首延①。
溪桥看祖道②，秋气入离筵。
利涉豚鱼吉，通波鸥鹭专。
至今山色在，犹似入吴年。

注释：

①鹢（yì）首：鹢是古书上说的一种似鹭的水鸟，亦指头上画着鹢的船，泛指船。

②祖道：古代为出行者祭祀路神，并饮宴送行。

过余杭塘河

俞宸亭

云树烟霏雨乍晴，清嘉着意放舟行。
柳丝低舞花添笑，隔岸时闻唱曲声。

过余杭塘河

李利忠

湿地蒹葭茂，春来日日过。
风微天壤阔，渚静水云和。
大块浮生气，轻舟系绿萝。
平生几两屐，载月意如何。

上塘河、五常港等处

上塘河，又名上塘运河，是杭州历史上第一条人工河。最早由秦始皇下令开凿，俗称秦河。隋大业元年至六年（605—610）开凿大运河时，又对它进行了拓宽和疏浚。其最初为江南运河南端，经柳浦通钱塘江。元末张士诚开凿新运河（塘栖至江涨桥段）前，上塘河一直是大运河进入杭州城的唯一通道。新运河开凿后，江南运河改道，上塘河成为江南运河支流。

上塘河

上塘河

由塘河舟至五常

王其煌

棹轻风软入西溪①，错水陂塘野径迷②。
数部蛙声谁管领，相看不厌有灵犀。

注释：

①棹：划船的一种工具，形状和桨差不多。

②陂（bēi）塘：水塘。

题五常港诗

王翼奇

霜溆人居云水间①，幔芦烟渚近桃源。
棹歌发处飞舟过，更听欢声夹岸喧。

注释：

①溆（xù）：水边。

喜看杭城河道新貌

蔡云超

清波好泛舟，岸柳惠风柔。
楼屋掩花树，晴空翻鹭鸥。
长云连海气，淡月近溪幽。
记取梢芳信，来春莫负游。

舟行上塘河

尚佐文

良伴轻舟兴不穷，水云烟树快哉风。
寻幽岂必山深处，浓绿层层隔软红。

河道楹联当代部分

余杭塘河

水调渔歌，一舟烟雨；虹桥柳浪，两岸风情。

周根潮撰

周根潮撰，陈大中书

吴亚卿撰，潘美华书；尚佐文撰，骆恒光书

吞吐五清接闸口；勾连一脉穿上塘。

尹舒拉撰

桨声灯影偏宜夜；绿树红花尽是春。

吴亚卿撰

跬步行来远尘杂；波澜起处得平和。

尚佐文撰

遗音犹唱杨枝曲；
胜迹还传水调歌。
方 韦撰

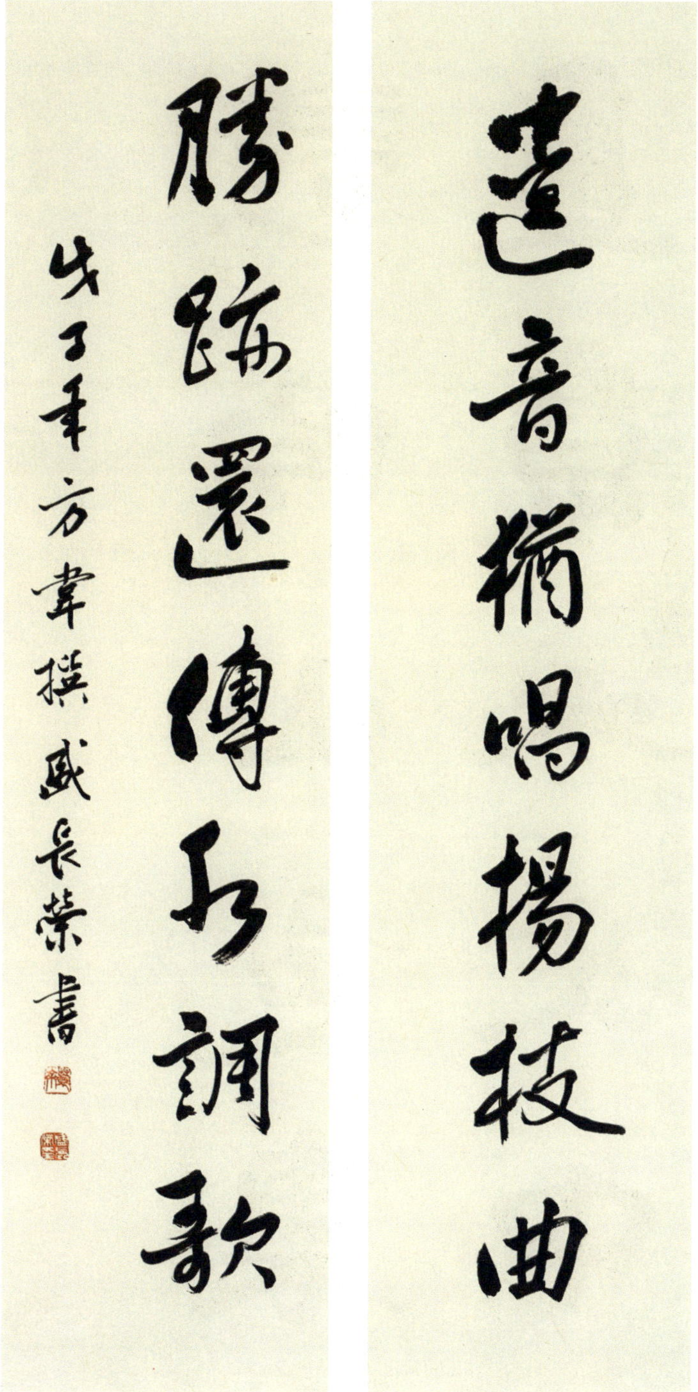

方韦撰，盛长荣书

王其煌撰，俞建华书

诗吟山色里；
画意水光中。

王其煌撰

家家倩影帘前月；
处处澄光镜里天。

王其煌撰

入眼烟岚铺锦绣；
畅怀云树绕楼台。

王其煌撰

星汉垂空，成万家灯火；
虹桥映月，看两岸风光。

钱法成撰

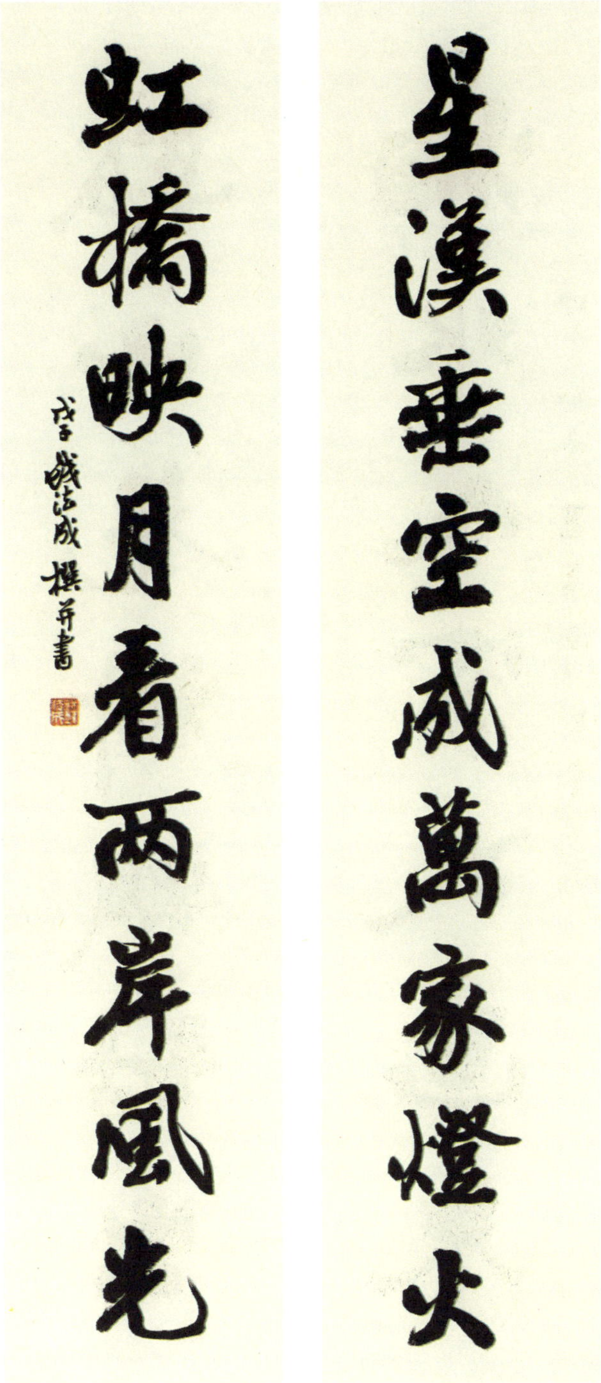

钱法成撰并书

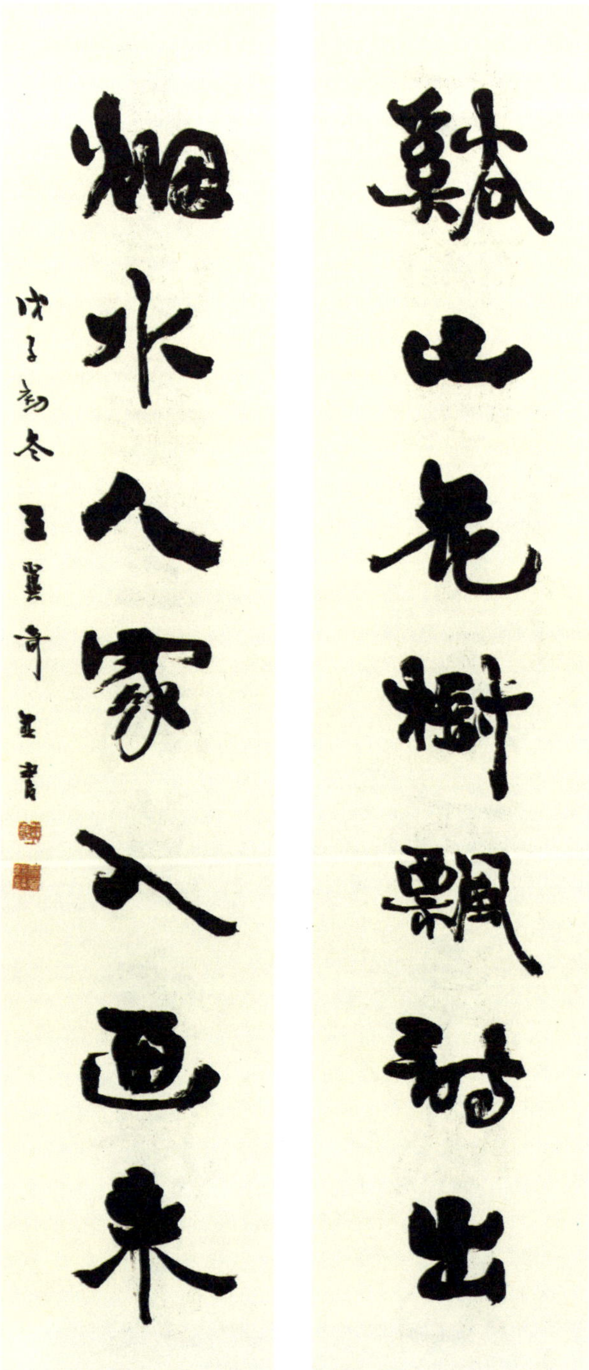

王翼奇撰并书

舟行南北，展千寻长卷；
桥贯东西，联两岸新城。

钱法成撰

溪山花树飘诗出；
烟水人家入画来。

王翼奇撰

碧水晴空飞鹭影；
轻风晚照舞裙裳。
蔡云超撰

蔡云超撰并书

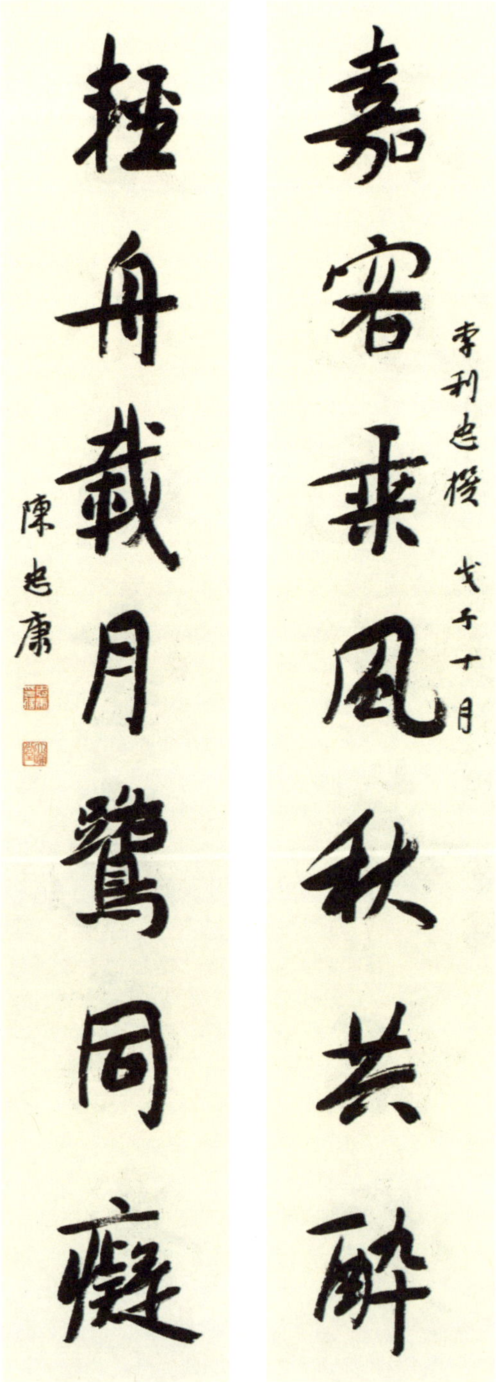

李利忠撰，陈忠康书

一棹波生鸥鹭翼；
半轮秋在荻花丛。

钱之江撰

嘉客乘风秋共醉；
轻舟载月鹭同痴。

李利忠撰

环环曲曲，一湾秀水；
叠叠重重，两岸人家。

俞宸亭撰

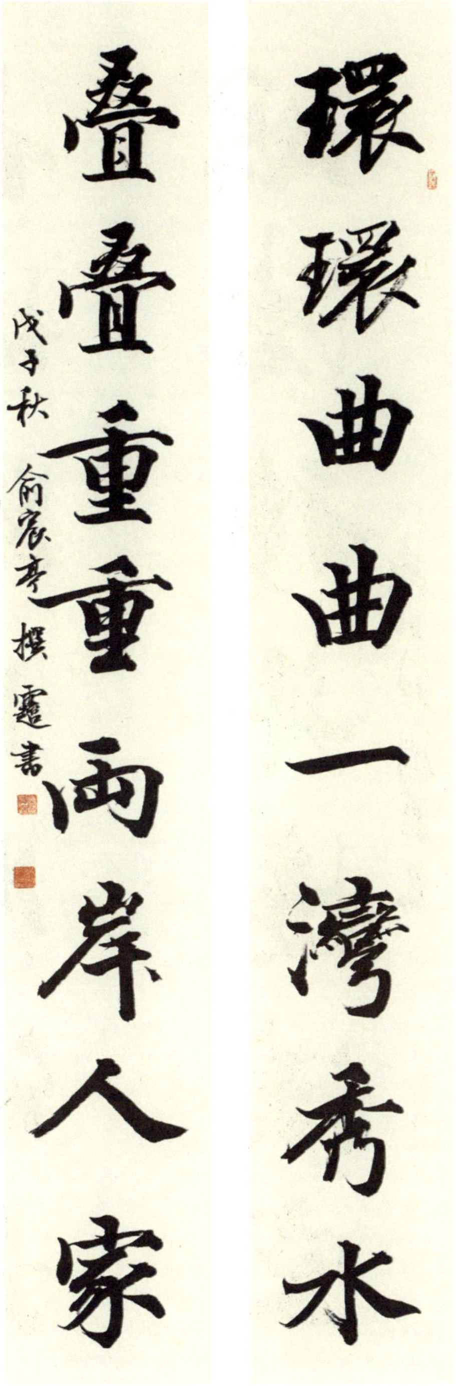

俞宸亭撰，蔡云超书

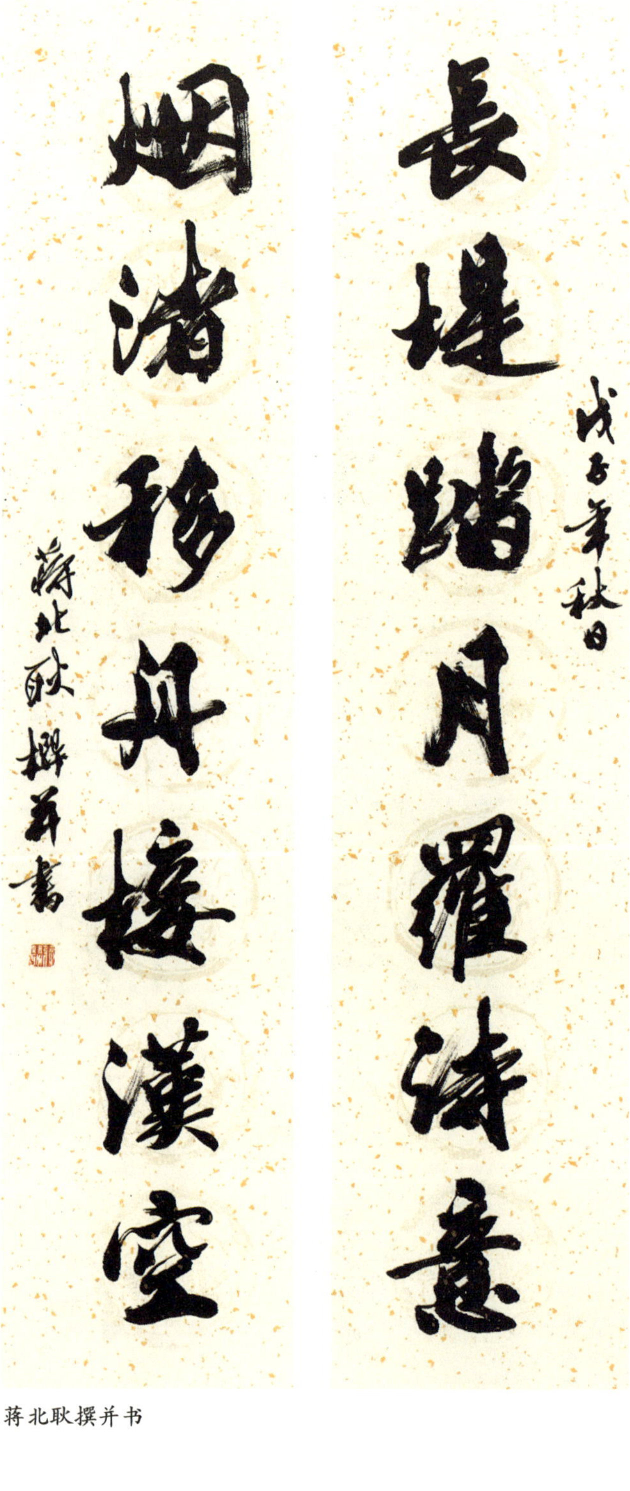

蒋北耿撰并书

长堤踏月罗诗意[1]；
烟渚移舟接汉空。

蒋北耿撰

几顷云霓，托出中天皓月；
何年松柏，染成一抹青山。

骆恒光撰

芳草连天，几处幽禽鸣不尽；
平湖入眼，千重碧浪起无穷。

骆恒光撰

潋滟碧波通南北；
葱茏佳气萃京杭[1]。

俞建华撰

注释：

①萃：草木丛生，茂盛的样子；聚集，萃集。

俞建华撰并书

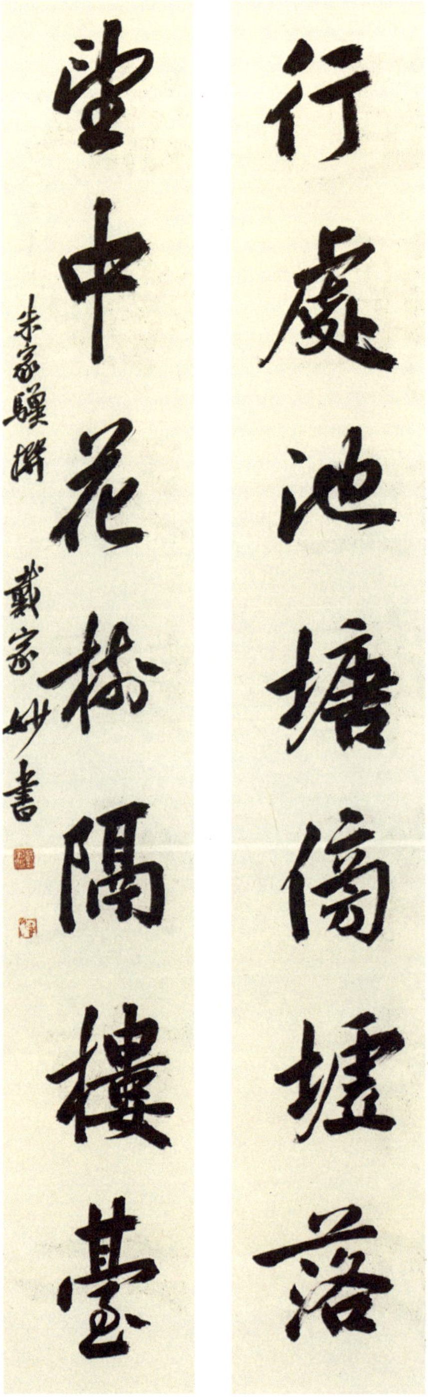

朱家骥撰，戴家妙书

行处池塘傍墟落①；
望中花树隔楼台。

朱家骥撰

注释：

①墟落：村落。墟，有人住过而现已荒废的地方。

水连今古载青史；
河运京杭负盛名。

朱家骥撰

镜水长流花四季；
烟桥侧卧影双娇。

蔡树农撰

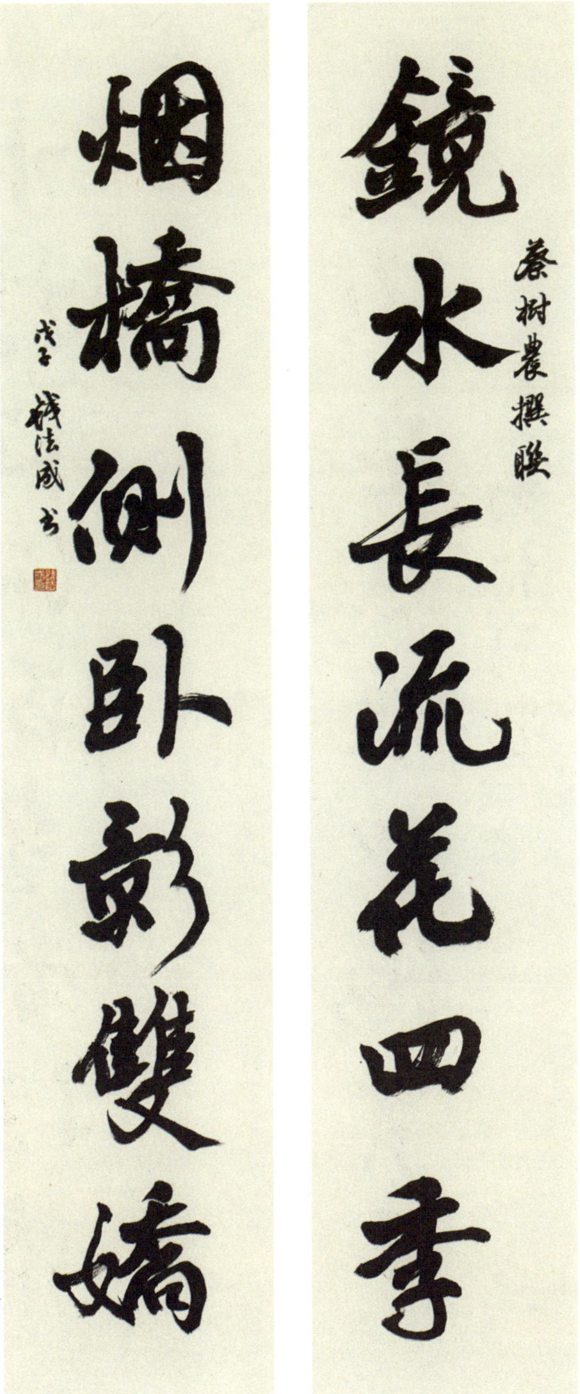

蔡树农撰，钱法成书

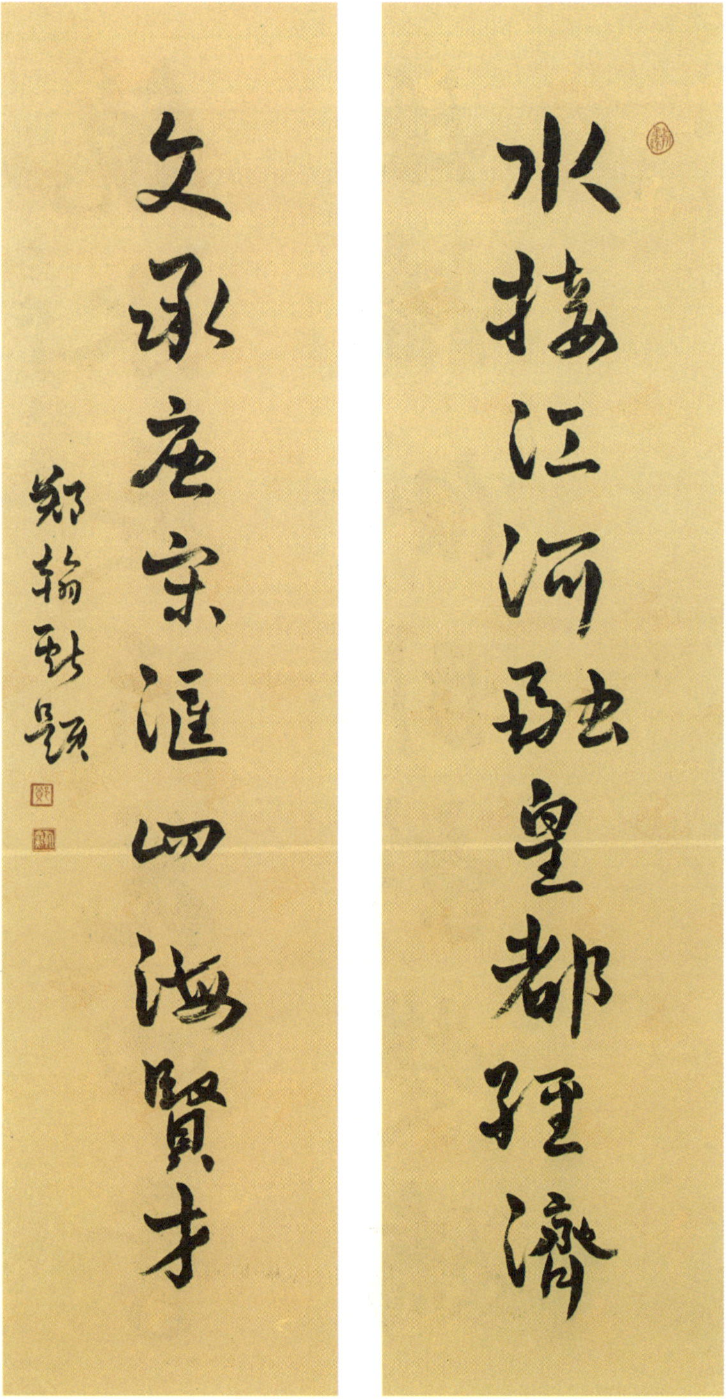

余兵撰，郑翰献书

水接江河，
融皇都经济；
文承唐宋，
汇四海贤才。
余　兵撰

一亭随情俯流水；
万竹和弦引清风。

戎玉中撰

纵笔佳章拟秋水；
待人和气胜春风。

徐儒宗撰

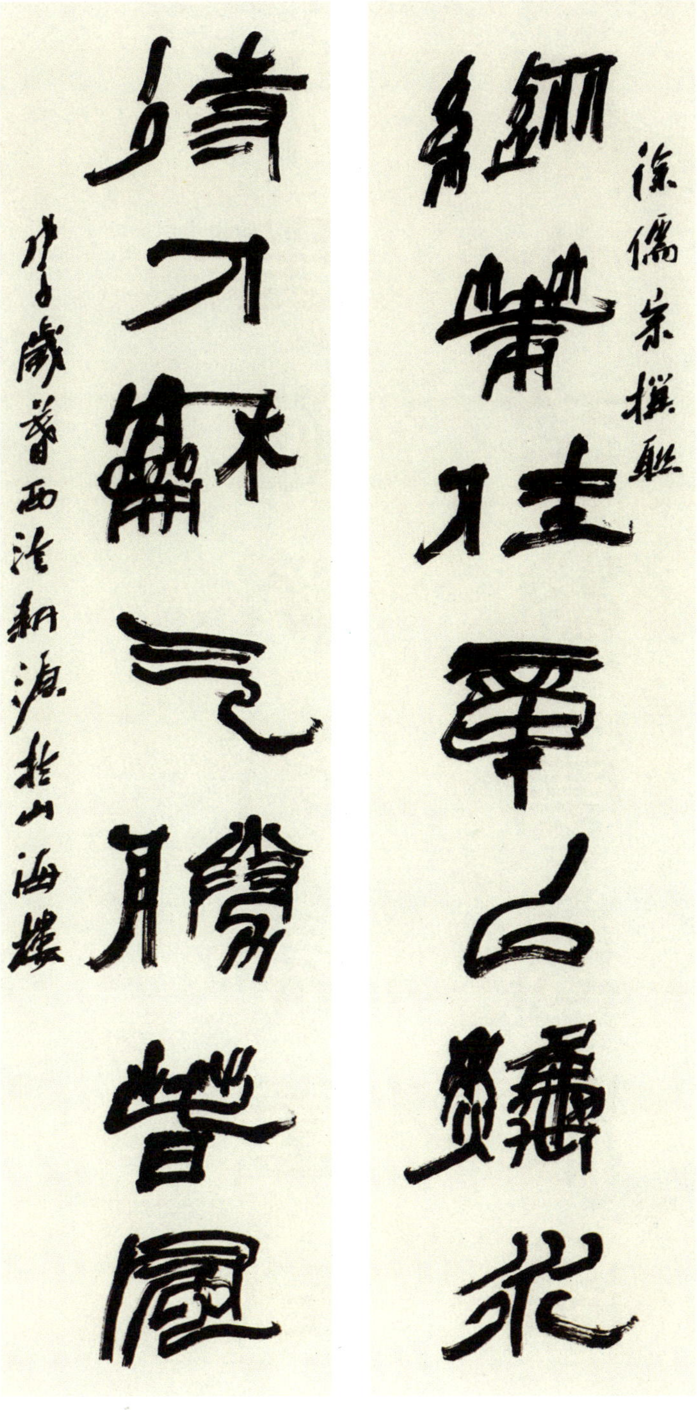

徐儒宗撰，张耕源书

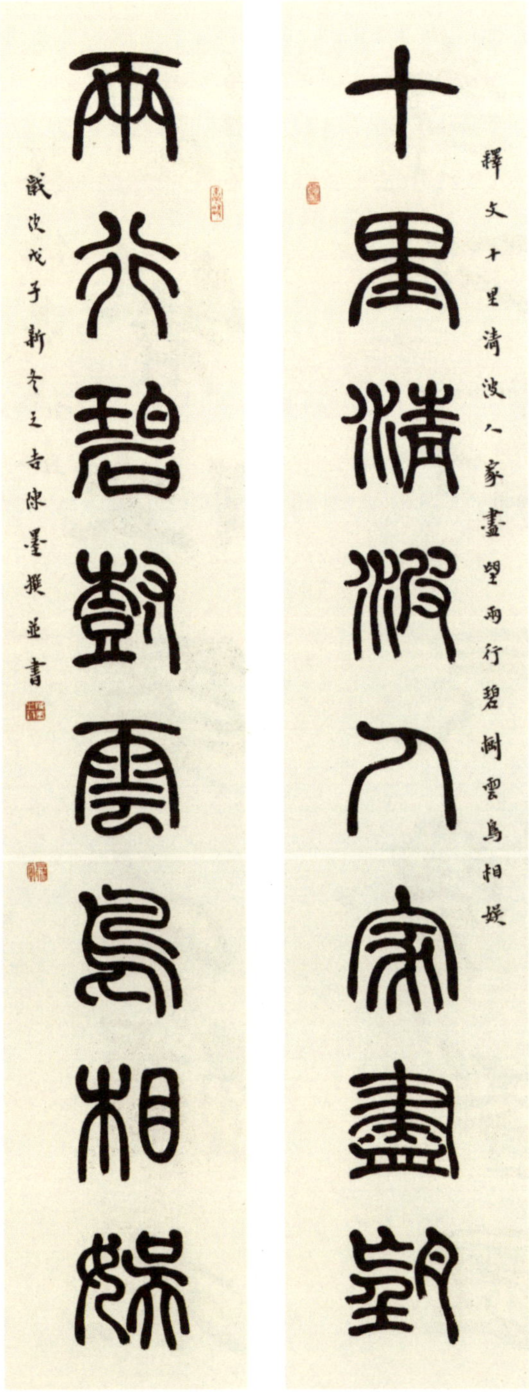

陈墨撰并书

十里清波，人家尽望；
两行碧树，云鸟相娱。

陈　墨撰

河上一枕隋唐梦；
城阙半窗吴越风。

姚　佳撰

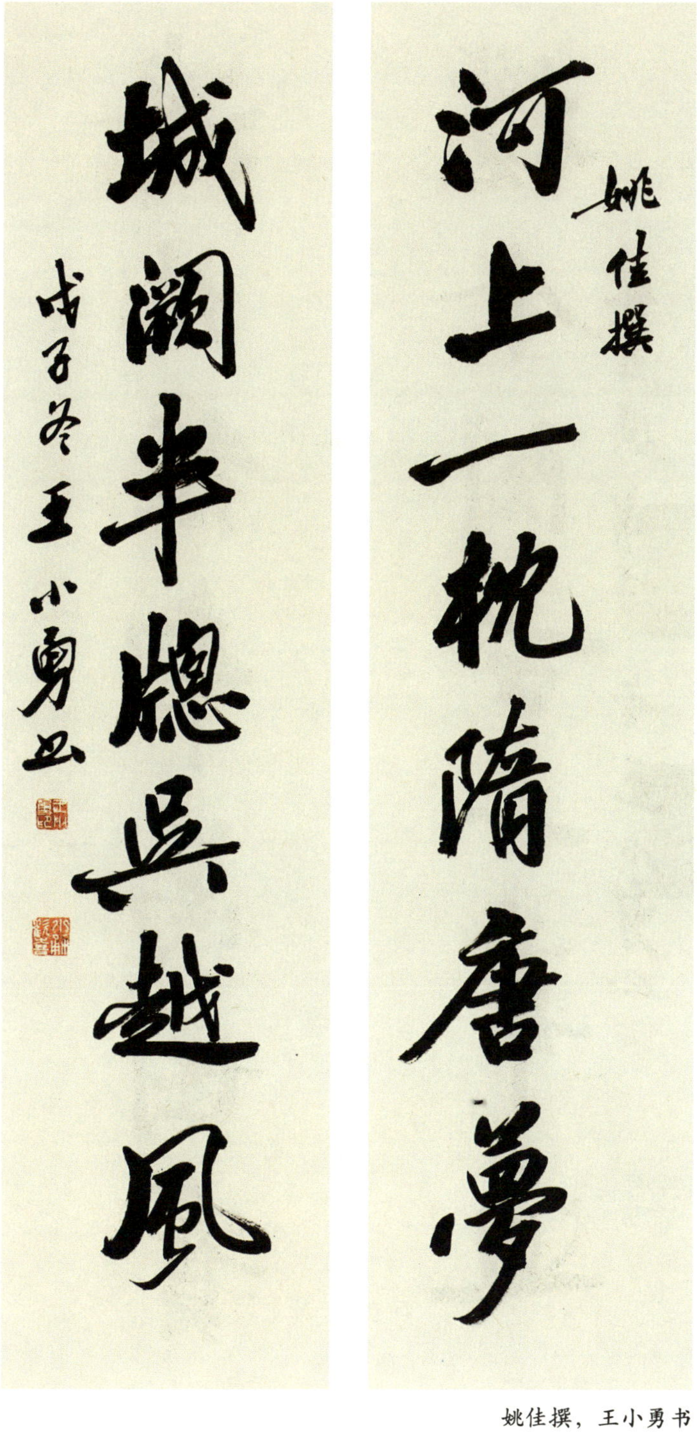

姚佳撰，王小勇书

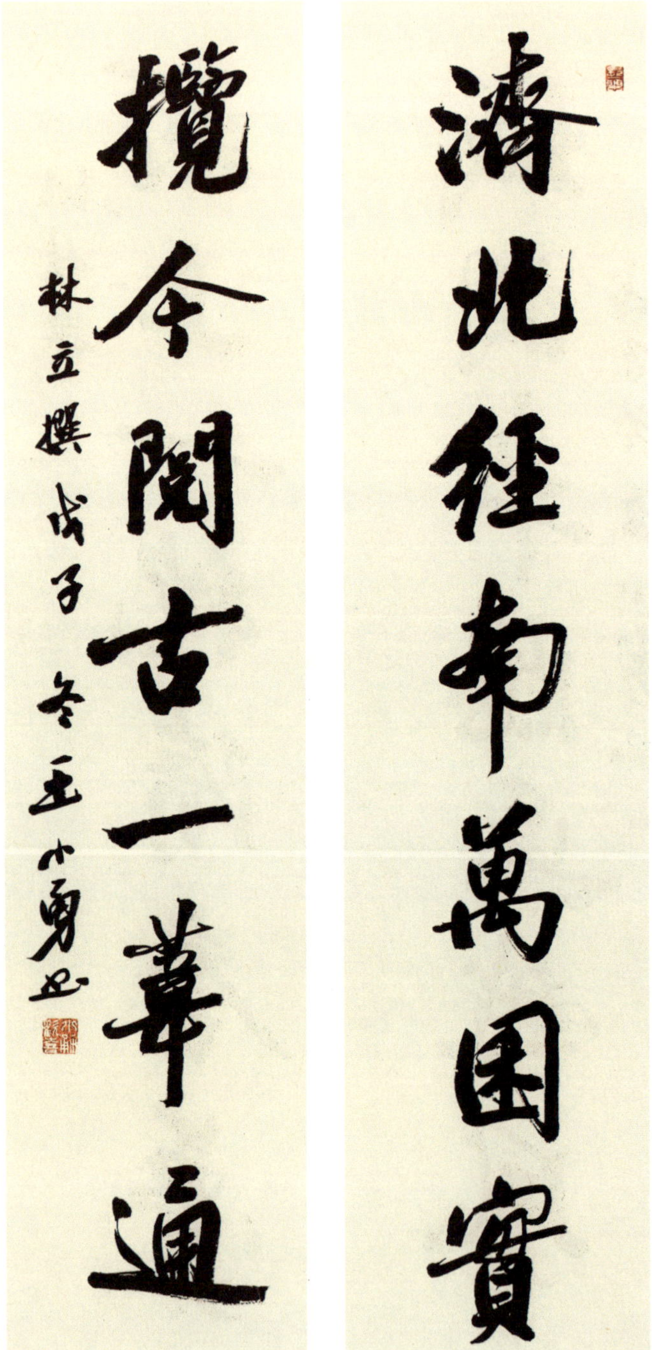

林立撰，王小勇书

济北经南万囷实[1]；
攬今阅古一苇通。

林　立撰

注释：

①囷（qūn）：古代一种圆形谷仓。

王锡撰，戴家妙书

溢疏江浒沃千亩[1]；
力聚舜民通两京。

王　锡撰

注释：

①浒：水边。

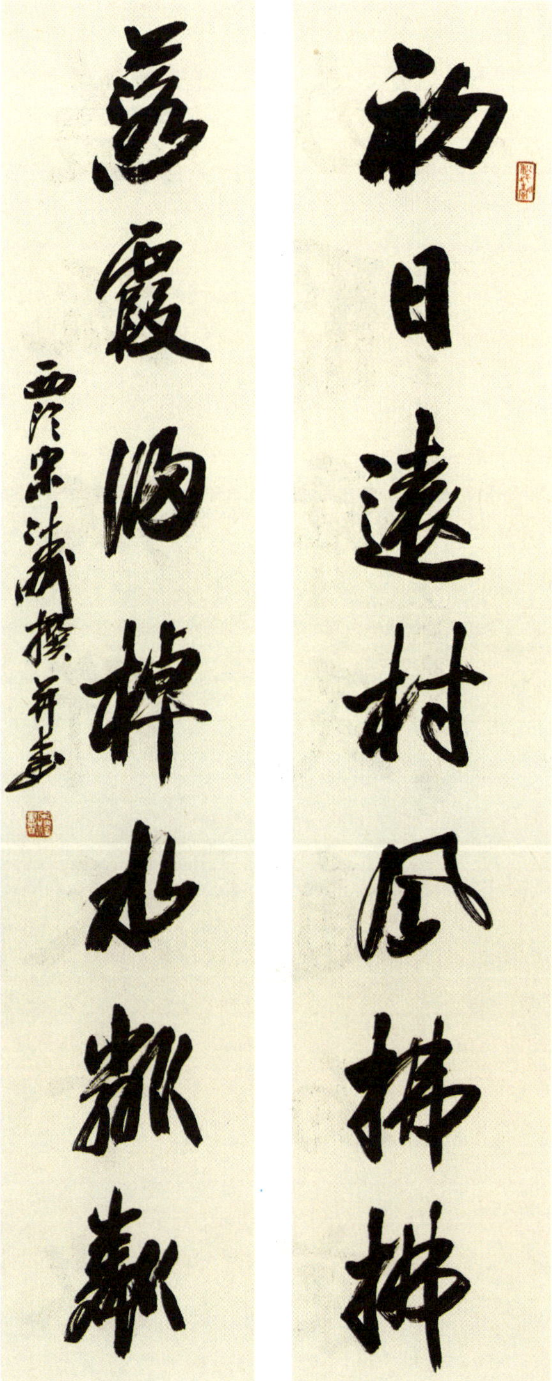

宋涛撰并书

初日远村风拂拂；
落霞归棹水粼粼。
宋　涛撰

风从水面穿花出；
舟自天边带月来。

杨一擎撰

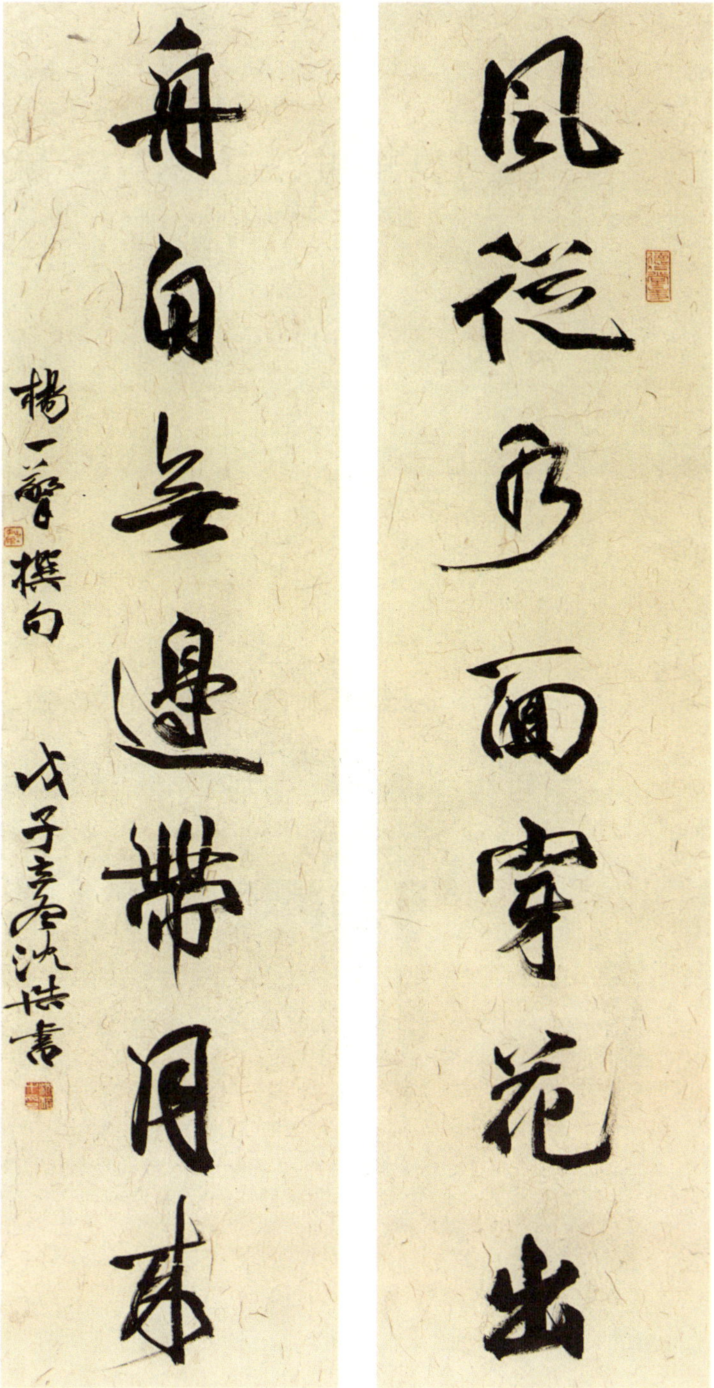

杨一擎撰，沈浩书

上塘河、五常港等处

亭外烟云，造物皆无状；阶前山水，会心即有情。

王其煌撰

王其煌撰，李文采书

行沐清风听燕雀；坐观新露润穈禾[1]。

陈建一撰

陈建一撰，蒋北耿书

注释：

①穈（mén）：谷的一种，初生时叶纯赤，生三四叶后赤青相间，七八叶后色始纯青。

千树明霞笼柿果；一溪素月隐芦花。

蔡云超撰

蔡云超撰并书

此岸青山界吴越；至今春水向幽燕。

钱之江撰

钱之江撰，钱法成书

天市非遥，仙凡有渡；星槎既济，河汉无波。

卢　前撰

卢前撰，李早书

一桥飞架繁商市；百舸争流乐尧民。

周明道撰

流年如水，尘俗百味；世事至繁，孤亭一闲。

李文采

李文采撰并书

广陵帆远空霜叶；古渡月明犹棹歌。

钱伟强撰

长桥彩溢飞虹外；画舫波回绿柳边。

周明道撰

周明道撰，芮仲益书；钱伟强撰，宋涛书

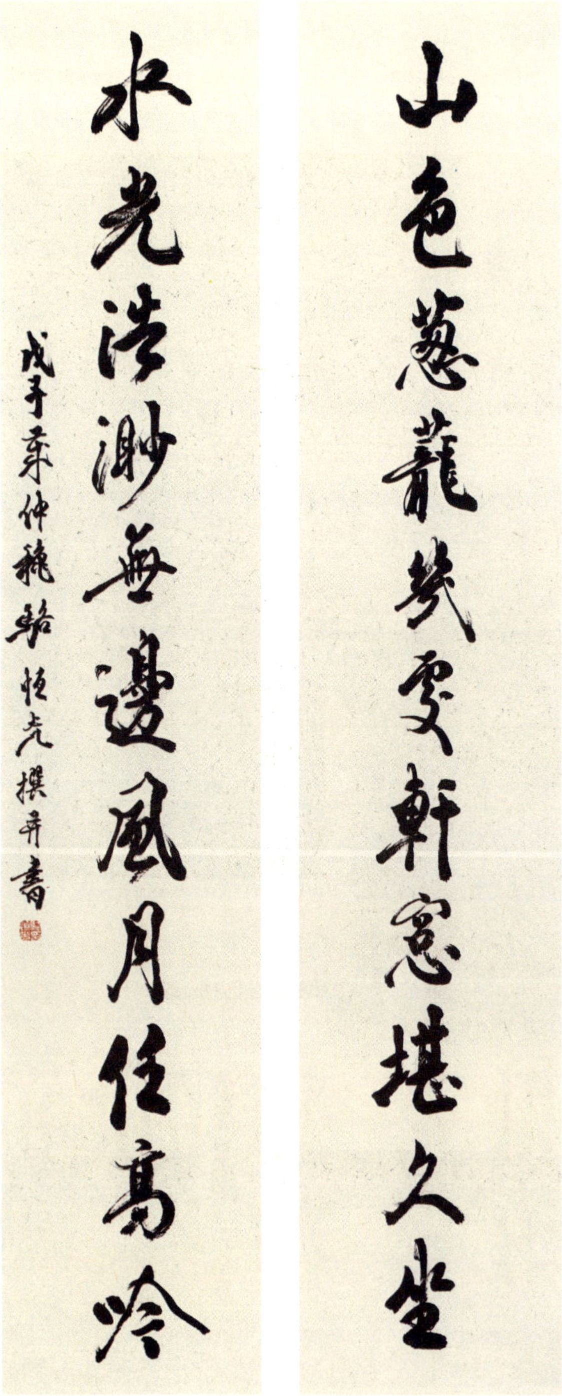

骆恒光撰并书

山色葱茏，几处轩窗堪久坐；
水光浩渺，无边风月任高吟。

骆恒光撰

桃花春伴上塘去；
柳色舟扶弄影来。

戎玉中撰

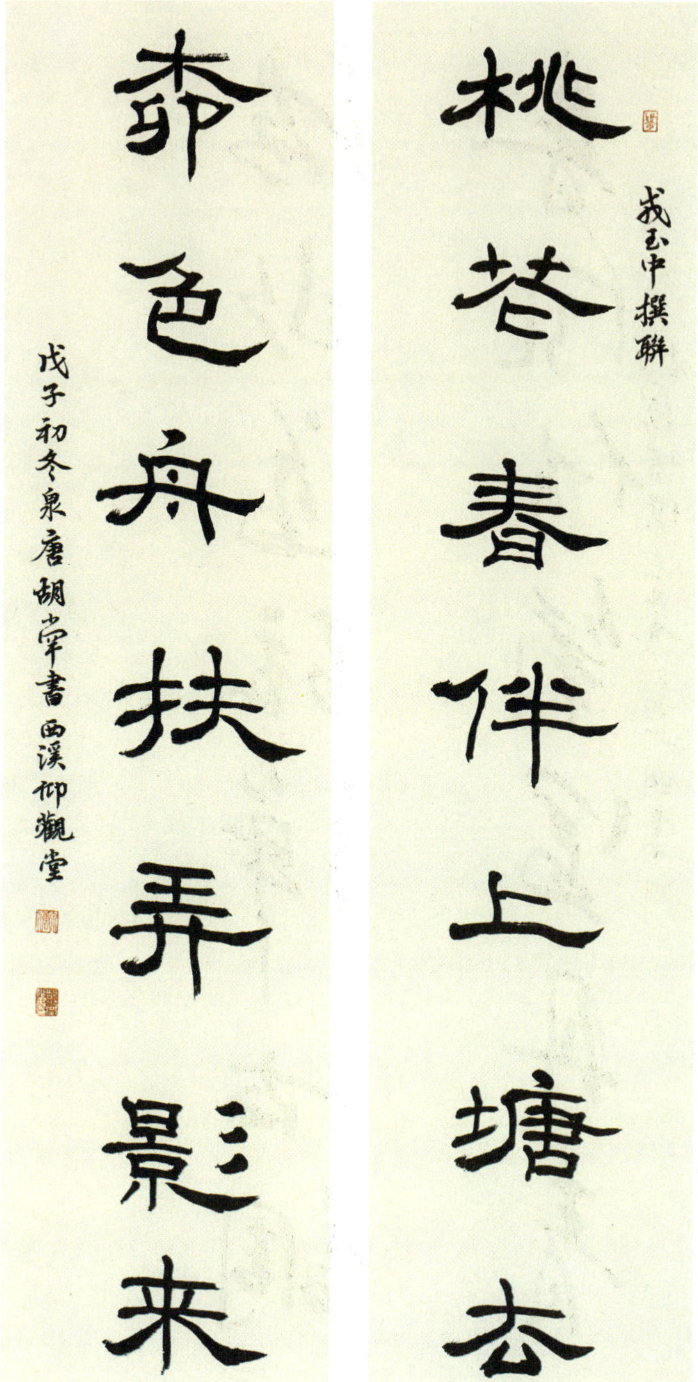

戎玉中撰，胡小罕书

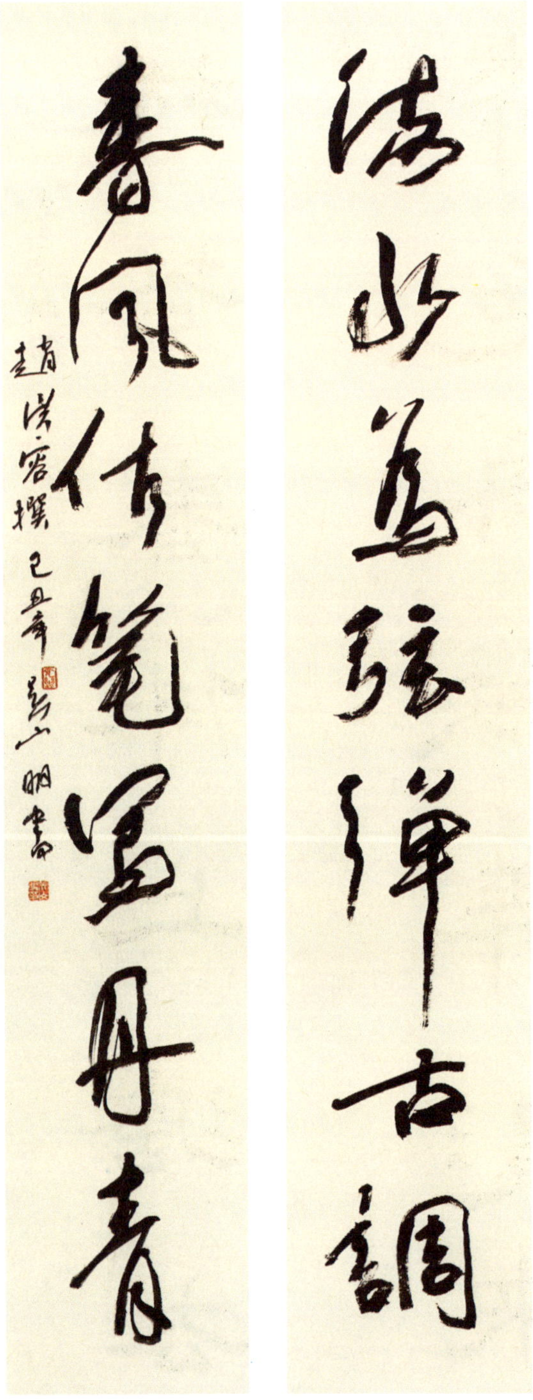

赵洪容撰，吴山明书

一水连云通南北；
千帆竞渡运东西。
唐金梅撰

鱼得长风行万里；
米随飞舸上九重。
唐金梅撰

天开汴水流千里；
棹接京杭惠万家。
唐金梅撰

流水为弦弹古调；
春风作笔写丹青。
赵洪容撰

水榭楼台藏秀色；
云天鹔鹭落长汀。
骆东华撰

骆东华撰，何水法书

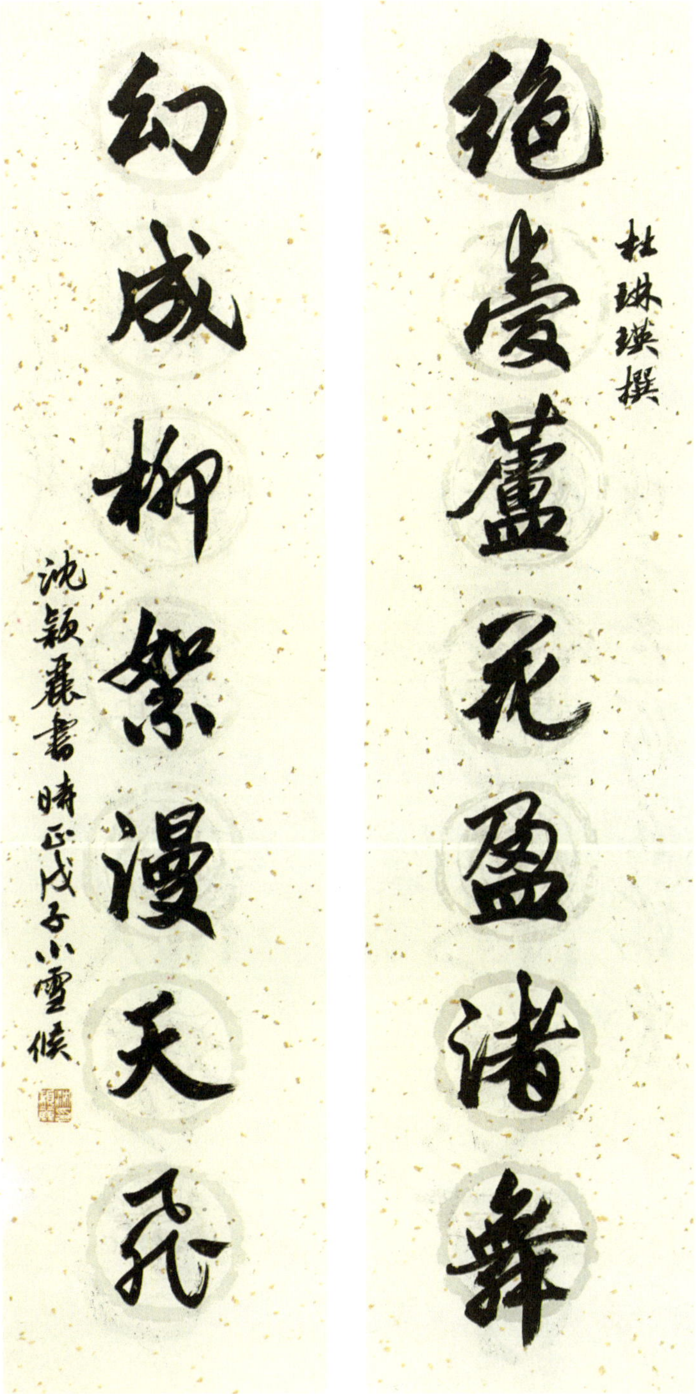

杜琳瑛撰，沈颖丽书

绝爱芦花盈渚舞；
幻成柳絮漫天飞。
杜琳瑛撰

绝怜千亩春桑绿；
尤喜一堤秋柏红。

周根潮撰

渌水轻风靓妆杨柳；
晴光淑气常护桑麻。

周根潮撰

一线清流接南北；
千年渔唱话古今。

唐金梅撰

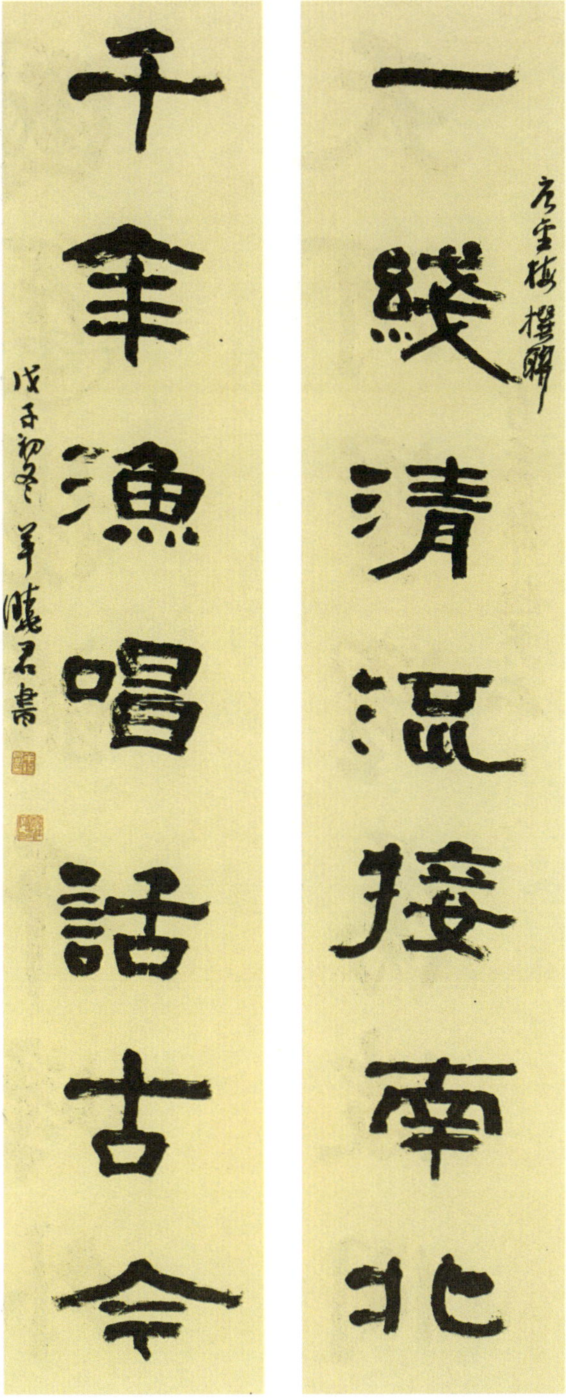

唐金梅撰，羊晓君书

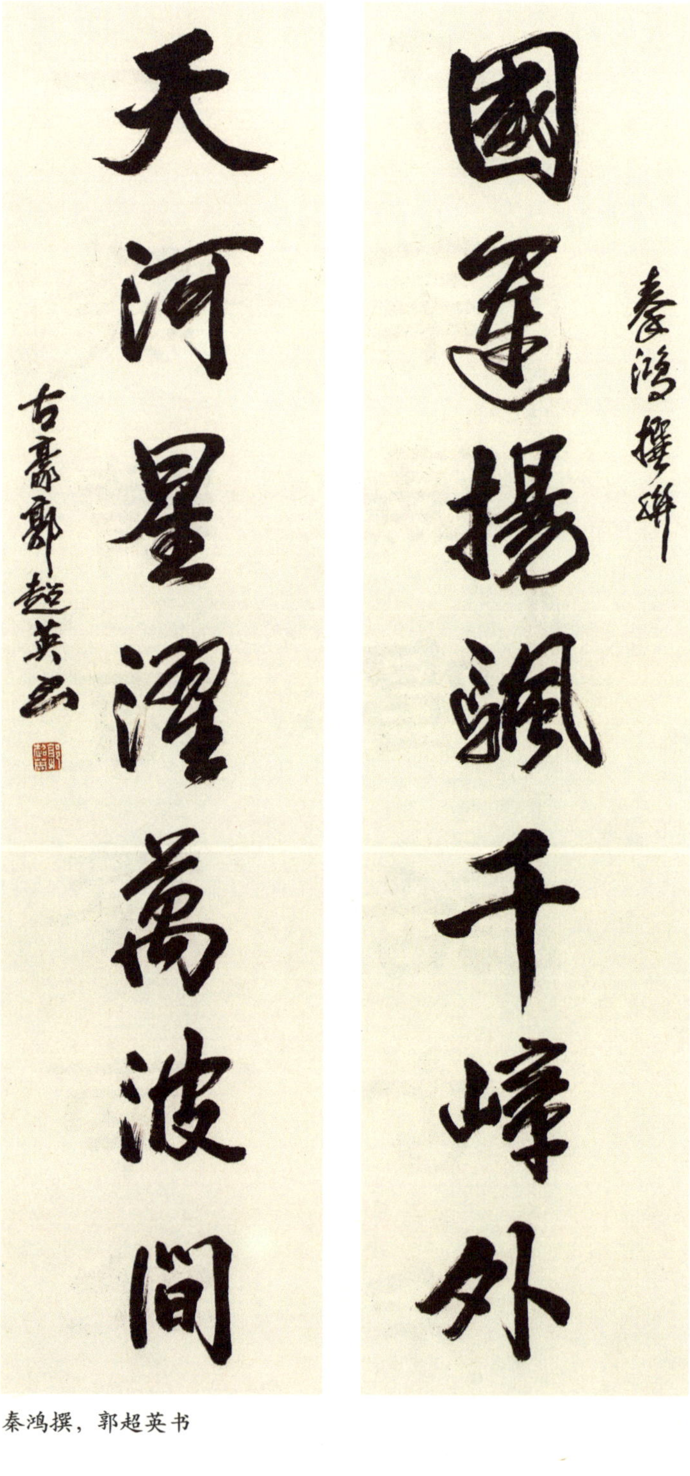

秦鸿撰，郭超英书

国运扬帆千嶂外；
天河星濯万波间。

秦　鸿撰

北上碧波通御气；
南来银浪送潮音。

陈于法撰

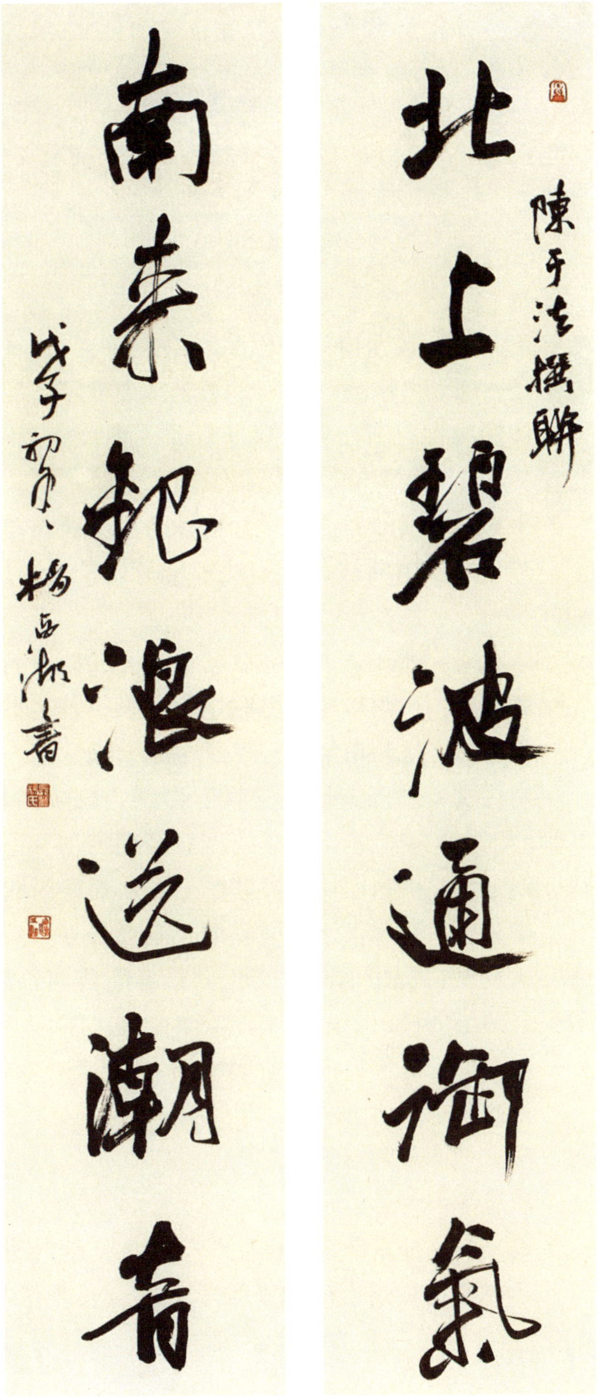

陈于法撰，杨西湖书

作者简介

王其煌：杭州市诗词楹联学会名誉会长，原杭州市政协文史委副主任，西湖“申遗”专家，著名文史专家

钱法成：原浙江省文化厅厅长，浙江省诗词与楹联学会名誉会长

王翼奇：浙江省语言学会楹联研究会会长，浙江辞赋学会会长

陈建一：中共杭州市委党校常务副校长，杭州市诗词楹联学会顾问

李文采：浙江省诗词楹联学会副会长，著名书法家

蔡云超：杭州市诗词楹联学会会长，著名书法家

吴亚卿：杭州市诗词楹联学会副会长

尚佐文：浙江省诗词楹联学会副会长兼秘书长，杭州市诗词楹联学会副会长，杭州出版集团副总经理

钱之江：杭州市诗词楹联学会副会长，浙江古籍出版社副总编

李利忠：杭州市诗词楹联学会副会长

俞宸亭：杭州桐荫堂文化创意有限公司总经理，杭州古都文化研究会副秘书长，中国青年作家学会副主席，国家二级作家

骆东华：杭州日报报业集团部主任

蒋北耿：著名书画家

骆恒光：著名书画家

俞建华：著名书画家

朱家骥：杭州市诗词楹联学会理事，湖畔居茶楼总经理

蔡树农：杭州市诗词楹联学会副会长兼秘书长，《美术报》部主任

余　宾：杭州市诗词楹联学会理事，苏州“东方之门”大酒店总经理

尹舒拉：杭州市诗词楹联学会理事，浙江美术馆画家

戎玉中：杭州古都文化研究会秘书长

徐儒宗：杭州市诗词楹联学会理事

陈　墨：杭州市诗词楹联学会理事

姚　佳：杭州市诗词楹联学会理事

林　立：杭州市诗词楹联学会会员

王　锡：杭州市诗词楹联学会会员

宋　涛：杭州市诗词楹联学会副会长，杭州市政协文史委主任，著名书法家

杨一擎：杭州市诗词楹联学会会员

卢　前：杭州市诗词楹联学会会员

周根潮：杭州市诗词楹联学会会员

唐金梅：杭州市诗词楹联学会会员

赵洪容：杭州市诗词楹联学会会员，《风景名胜》杂志首席编辑

陈于法：杭州市诗词楹联学会会员

钱伟强：杭州市诗词楹联学会会员

方　韦：杭州市诗词楹联学会会员

秦　鸿：杭州市诗词楹联学会会员

杜琳瑛：杭州市诗词楹联学会会员

周明道：杭州市诗词楹联学会会员

参考文献

1. 王国平主编：《西湖文献集成》，杭州出版社2004年版。

2. 陈述主编：《杭州运河古诗词选粹》，杭州出版社2006年版。

3. 陈述主编：《杭州运河文献》，杭州出版社2006年版。

4. 孙忠焕主编：《杭州运河文献集成》，杭州出版社2009年版。

5. 宋传水、袁成毅主编：《杭州历代名人》，杭州出版社2004年版。

6. 俞泽民编著：《西湖楹联与景典》，杭州出版社2008年版。

7. 陈述主编：《杭州运河历史研究》，杭州出版社2006年版。

图书在版编目（CIP）数据

杭州河道诗词楹联选粹/蔡云超等著．—杭州：杭州出版社，2013.4

（运河（河道）丛书）

ISBN 978-7-80758-782-8

I. ①杭… II. ①蔡… III. ①诗词—作品集—中国—当代 ②对联—作品集—中国—当代 IV. ①I217.1

中国版本图书馆CIP数据核字（2013）第085357号

杭州河道诗词楹联选粹

蔡云超　俞宸亭 等/著

责任编辑　丁国志　齐桃丽
美术编辑　赵　辛
出版发行　杭州出版社（杭州西湖文化广场32号6楼）
电话：0571-87997719　邮编：310014
排　　版　杭州美虹电脑设计有限公司
印　　刷　杭州富春印务有限公司
经　　销　新华书店
开　　本　710 mm × 1000 mm　1/16
字　　数　200千
印　　张　13.75
版 印 次　2013年4月第1版　2013年4月第1次印刷
书　　号　ISBN 978-7-80758-782-8
定　　价　48.00元

[illegible][illegible]出版社